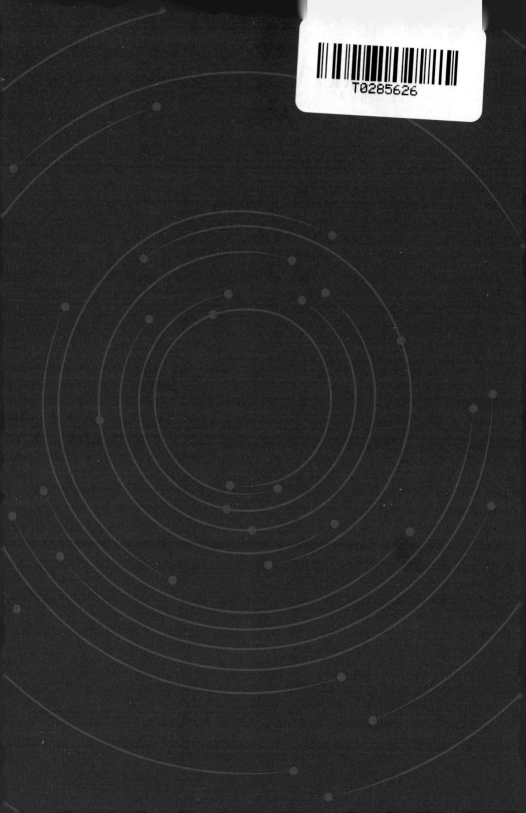

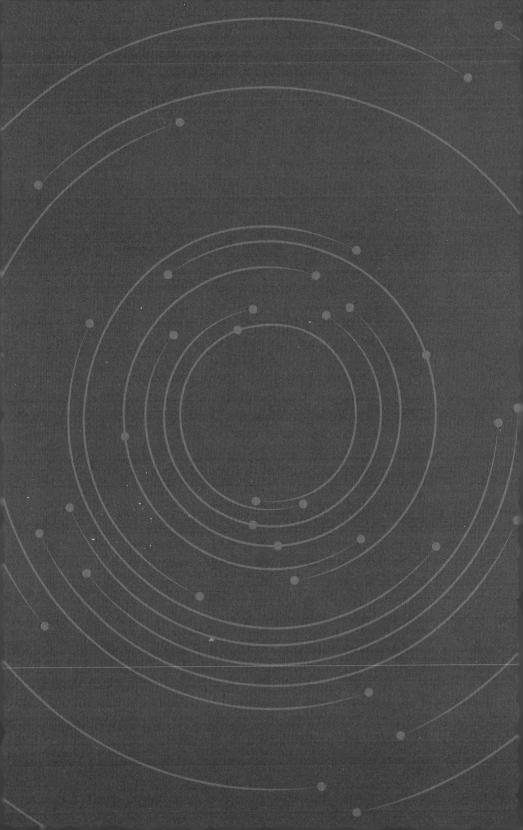

TRANSFORMACIÓN DIGITAL PARA DIRECTIVOS

Alejandro De Zunzunegui

Prólogo de Abel Linares

TRANSFORMACIÓN DIGITAL PARA DIRECTIVOS

MADRID | CIUDAD DE MÉXICO | BUENOS AIRES | BOGOTÁ
LONDRES | NUEVA YORK
SHANGHÁI | NUEVA DELHI

Comité Editorial: Santiago de Torres (presidente), Germán Castejón, Mª Teresa Corzo, Marcelino Elosua, José Ignacio Goirigolzarri, Santiago Íñiguez de Onzoño, Luis Huete, Pilar López, Pedro Navarro, Manuel Pimentel y Carlos Rodríguez Braun.

Colección Acción Empresarial de LID Editorial
Editorial Almuzara S.L
Parque Logístico de Córdoba, Ctra. Palma del Río, Km 4, Oficina 3
14005 Córdoba.
www.LIDeditorial.com
www.almuzaralibros.com

A member of:

businesspublishersroundtable.com

© Alejandro De Zunzunegui Ruano, 2023
© Abel Linares, 2023, del prólogo
© Editorial Almuzara S.L. 2023 para LID Editorial, de esta edición.

EAN-ISBN13: 978-84-11313-81-0
Directora editorial: Laura Madrigal
Corrección: Cristina Matallana
Maquetación: produccioneditorial.com
Diseño de portada: Juan Ramón Batista
Fotografía del autor: María Nieto Raventós
Impresión: Cofás, S.A.
Depósito legal: CO-9-2023

Impreso en España / Printed in Spain

Primera edición: enero de 2023

Te escuchamos. Escríbenos con tus sugerencias, dudas, errores que veas o lo que tú quieras. Te contestaremos, seguro: *info@lidbusinessmedia.com*

«Necesito viajar al pasado,
y no para evitar algunos errores;
solo quiero abrazar a alguien que hoy no está».

A mi madre, a los dos Alfonsos, a Juanito Picón,
mi hermanito del alma, con todo mi amor.

Ojalá cualquier mensajero os pudiera hacer llegar
este libro y devolverme a mí vuestra crítica.

ÍNDICE

Agradecimientos 9

Prólogo de Abel Linares 13

Introducción 17

1. La Transformación Digital, una nueva ola 29

    1. Surfeando la nueva ola 30

    2. Transformación Digital. Contexto 32

    3. Impacto y beneficios 44

    4. Conclusiones 47

2. Transformación o metamorfosis digital 51

    1. De larvas a mariposas 51

    2. Metamorfosis y sufrimiento corporativo 58

    3. Algunas reflexiones adicionales 60

3. Lo que esconde un proceso de Transformación Digital 65

    1. Protagonista y propósito de la transformación 65

    2. Qué es la Transformación Digital 67

    3. Bases para intentar tener éxito 73

    4. Qué es lo siguiente 78

    5. Preguntas y respuestas necesarias 84

    6. Ejes, claves y retos en la Transformación Digital 93

4. Pilares, palancas y barreras 97

    1. Pilares de la Transformación Digital 97

    2. Palancas del proceso 105

    3. Barreras que detectar y derribar o eludir 112

5. Errores y aciertos 129

    1. Algunos errores comunes 129

    2. Algunas soluciones globales 137

    3. Esto va de personas, no de sistemas 142

    4. Inteligencia racional, inteligencia emocional
       e inteligencia artificial 143

6. Reflexiones finales y consejos 147

    1. Sostenibilidad y digitalización 147

    2. Consejos prácticos para empezar 149

    3. Reflexiones finales 154

AGRADECIMIENTOS

Son muchas las personas a las que debo gratitud, de la que dicen que es la memoria del corazón, y no me quiero olvidar de ninguna.

Te la debo a ti en primer lugar, que tienes entre tus manos este libro, por darme la oportunidad de compartir algo que hoy, y gracias a ti, adquiere un valor desconocido hasta este momento.

Se la debo a Manuel Pimentel, por su generosidad conmigo, su permanente ánimo y su inteligente presencia siempre que me ha hecho falta; a Pilar Llácer, porque sin su implicación y apoyo nada de esto estaría pasando; a Laura Madrigal por su valiosísima aportación en el proceso y a Cristina Matallana por sus acertadas correcciones (son casi «coautoras» de esta obra), y a Laura Díez y Gema Díaz Real por su dedicada involucración en la gestación de esta mi primera obra. A todos ellos, gracias por ayudar a que esto, que en su momento me parecía un sueño, se haya hecho realidad.

Se la debo a muchos amigos con quienes he tenido la suerte de trabajar y hablar durante estos últimos meses, grandes profesionales que con sus ideas y reflexiones han contribuido de manera importantísima a que el nacimiento del libro fuera hoy una realidad, y de forma tan desinteresada que su mayor preocupación ha sido «no salir en los papeles» para cederme a mí su protagonismo. A todos los que estáis detrás de ese voluntario anonimato, mil gracias.

Se la debo por supuesto a Abel Linares, mi prologuista, mi amigo, de quien nunca he dejado de aprender y que me demuestra cada día que se puede ser uno de los mejores en todo sin perder lo que es muy difícil de conservar: la humildad.

Se la debo a mis hermanos, a todos, que son muchos y muy buenos, pero muy especialmente a los que, además de empujarme a hacer lo que he hecho, «se han mojado» conmigo y me han ayudado a conseguir que hoy parte de mi pensamiento se haya transformado en mi primer libro.

Se la debo a mis hijos, Alejandra, Adriana y Alfonso, por su permanente ánimo, su adhesión sin límites y su siempre garantizada admiración.

Y se la debo, sobre todo y siempre, a Alicia, mi amor. La lista de motivos por los que le estoy agradecido es interminable, así que la voy a resumir: es la mejor persona que pueda existir. Y mi suerte.

«NO BUSQUES
LA ALABANZA,
BUSCA LA CRÍTICA»

—PAUL ARDEN—

PRÓLOGO

No eres el único que está preocupado. A todos nos gustaría volver a la normalidad, a la antigua o a la nueva, a escenarios previsibles.

Sin embargo, vivimos con más incertidumbres gerenciales y con mayor necesidad de velocidad en los cambios que nunca.

Necesitamos subsistir, mejorar e innovar. Necesitamos saber qué viene, visualizar qué puede ocurrir, porque un nuevo ejército de competidores está llegando. Las cosas están cambiando.

Disruptores digitales y empresas exitosas en su proceso de Transformación Digital que consiguen mejorar –y mucho– la experiencia del cliente logran personalizar su propuesta y estar más cerca de sus usuarios en cualquier momento –o micromomento, como defiende Zunzu– de su viaje.

Solo las organizaciones que realmente ejercen una verdadera escucha activa de todas las comunicaciones con sus clientes pueden progresar adecuadamente en este proceso. Pero antes necesitamos transformarnos y, como muy bien expone el autor en este libro, no se trata únicamente de un cambio, sino que se precisa una verdadera metamorfosis. Solamente por entender esto merece la pena la lectura de esta obra.

Hemos vivido riesgos increíbles los últimos 36 meses. Me atrevo a decir que casi imposibles de prever, pero los hemos vivido y siguen estando ahí. Por eso ahora a nadie nos pueden, ni deben, sorprender el riesgo y las consecuencias negativas de hacer una mala, inadecuada o lenta Transformación Digital. Hace años sí, pero hoy no.

Más del 70 % de empresas están fallando en cómo conseguir resultados positivos derivados de una verdadera Transformación Digital, luego algo está funcionando mal. Están faltando conocimiento, metodología y experiencia.

Sabemos adaptarnos –unos mejor que otros–, pero precisamos una verdadera transformación o, como dice Zunzu, una metamorfosis, que implica cambios completos y definitivos.

Requerimos ayuda para acometer este proceso de cambio y sin duda este libro es una joya por su sencillez y profundidad al mostrar y desmontar barreras que no vemos, a la vez que nos ayuda a visualizar un camino claro y consistente hacia la transformación .

Cada vez que termino de leer un libro me pregunto qué es lo que más me ha gustado. En este caso respondería indudablemente que la propuesta comprometida de una estrategia exitosa de Transformación Digital que hace sostenible en el tiempo la creación de valor.

Esta obra aporta abiertamente un método concreto de ejecución e ideas claras (algunas muy disruptivas o sorprendentes), identifica barreras y errores y propone soluciones no teóricas. Y no contento con eso, que ya sería más que suficiente, establece cinco pilares y cinco palancas clave, junto con una sencilla metodología –imprescindible desde mi punto de vista y mi experiencia– y una guía final para hacer esa revolución, o metamorfosis, silenciosa que nos propone el autor.

De lectura amena, incluye puntos controvertidos para organizaciones clásicas que no dejarán a nadie indiferente. Propone dar Danacol a los directivos, matar la oficina de gestión de proyectos (*Project Management Office [PMO]*) y pasar de 0 a 100 en noventa días; identifica los nuevos silos (ahora digitales); expone el camino que se ha de seguir para poder mejorar sustancialmente el *Net Promoting Score* (NPS), y diferencia el papel de la inteligencia racional, la inteligencia emocional y la inteligencia artificial en el proceso de transformación.

Si todavía tienes problemas para imbricar a alta velocidad este proceso de transformación, urge que aceleres el cambio, porque las empresas digitales que han puesto al cliente en el centro de sus procesos para simplificar, personalizar y mejorar su experiencia los están escuchando activamente con sistemas avanzados de inteligencia artificial conversacional capaces de monitorizar el 100 % de las conversaciones de voz y texto.

Entienden que los datos son la mejor munición para la mejora continua en su evolución digital y saben que, como líderes en el proceso, tenemos responsabilidades con nuestro equipo humano, con nuestros accionistas y en general con toda la comunidad de *stakeholders*.

A los directivos que todavía dudan sobre las propuestas innovadoras que propone este libro, les recordaría la frase de Albert Einstein: «Ningún problema se puede resolver desde el mismo nivel de conciencia que lo creó».

Conocí a Zunzu hace ya muchos años tras una reunión en The Heroes Club, una plataforma de mentorización de *startups,* cuando salía por la puerta con una bici eléctrica de diseño. Me dijo que era de una *startup* que él apoyaba en ese momento porque estaba convencido de que el camino iba hacia la movilidad eléctrica en las grandes ciudades. De esto hace más de diez años...

Me fascinó. Desde entonces, no ha dejado de sorprenderme por su fuerte personalidad y su total compromiso en conseguir excelentes resultados en proyectos de Transformación Digital, y en muy poco tiempo.

No quiero acabar sin lanzarte tres preguntas muy interesantes que nos hace Zunzu y que me parecen realmente fundamentales:

1. ¿Para quién nos transformamos?
2. ¿Cómo saber si lo estamos haciendo bien?
3. ¿Qué queremos conseguir y cómo lo vamos a medir?

Transformación Digital para directivos seguro que ayuda a los ejecutivos, a los miembros del *C-level* de cualquier organización y a sus consejeros a encontrar el camino hacia el éxito en su proceso de Transformación Digital.

Me parece que tras su lectura todos coincidiremos con la famosa frase del escritor y futurólogo estadounidense Alvin Toffler: «Los ignorantes en el siglo XXI no serán esos que no sepan leer o escribir, sino los que no puedan aprender, desaprender y aprender de nuevo».

Abel Linares
Founder & CEO en Nunkyworld

INTRODUCCIÓN

Transformación Digital para directivos es una visión crítica y constructiva de la —en ocasiones— alocada carrera por la Transformación Digital, emprendida hace años por todo tipo de compañías, pero muy especialmente por grandes organizaciones, en las que este análisis pone el foco. Analizo en este libro los errores comunes —y no tan comunes— asumidos e incluso defendidos en aras de dicho proceso por ese tipo de empresas y también reflexiono acerca de las claves del éxito aprendidas a lo largo de mi carrera, además de aportar una comprometida propuesta de soluciones a los problemas que surgen en el camino.

Se trata de una puesta en común en positivo alrededor de los beneficios que genera a cualquier organización un adecuado proceso de Transformación Digital, que intentaré dibujar y definir.

Esta obra responde a cuestiones fundamentales que se plantean en cualquier proceso de esta naturaleza , como: ¿qué hay que hacer antes de empezar?, ¿cómo se deben establecer los ejes sobre los que pivotará el proceso?, ¿cuáles suelen ser las claves que hay que activar?, ¿qué retos nos encontraremos? Además, pone de relieve la importancia de detectar las palancas existentes en la compañía que sujetarán el proceso en un principio y sobre las que construiremos el cambio y también la necesidad de descubrir qué barreras se levantan y cuáles permanecen soterradas pero preparadas para saltar ante el posible éxito de la misión con el firme propósito de actuar contundentemente contra ellas.

Hablo de esas barreras invisibles y abordo en el apartado «Primera barrera: la PMO. Mata tu PMO» cómo el mayor peligro para el éxito de la Transformación Digital es precisamente esta área funcional. Aunque no es su culpa, son precisamente las personas que trabajan en una oficina de gestión de proyectos (PMO) convencional las que más difícil tienen recorrer el camino necesario, pues resulta enorme su necesidad de desaprender e igual de grande por lo general su incapacidad para hacerlo. Cederles la responsabilidad de llevar a buen término la transformación de la organización es como poner al zorro a cuidar del gallinero, aunque la verdadera zorrera se encuentra escondida en los niveles de gestión intermedia (lo que comúnmente conocemos como *middle management), que han generado durante años lo que denomino *colesterol directivo, gerencial y administrativo (managerial cholesterol).* Expongo y comento en el apartado "Segunda barrera: directivos y directores. Necesitamos un Danacol" cómo detectarlo, reducirlo e incluso aniquilarlo.

Aporto también algunas recetas para intentar asegurar éxitos parciales. Y planteo este libro desde la realidad vivida, no desde la teoría, por lo que incluyo casos que ejemplifican e ilustran la mayoría de las aseveraciones que se vierten. Son casos no desarrollados ni analizados necesariamente por mí, pues he tenido la suerte de contar con la colaboración activa de los CEO, directores generales de Tecnología y Sistemas (CIO), directores de Transformación y Negocio Digital (CTO) y directores generales de Recursos Humanos (CPO) de organizaciones complejas de primera línea de diferentes sectores de actividad. Incorporar a esta obra su visión, sus reflexiones, sus experiencias y sus aprendizajes desde el solicitado anonimato me pareció imprescindible y a la vez muy conveniente para proporcionar verdadero valor a esta lectura.

Un punto fundamental que se analiza en la obra es la indisoluble relación entre *Transformación Digital, agilismo* y *agilidad.* Estos dos últimos términos no se deben confundir porque no significan lo mismo: mientras *agilidad* define la capacidad de alguien de hacer las cosas con habilidad, soltura y rapidez, *agilismo* en el ámbito de una organización es la habilidad de producir tanto para sus clientes externos como internos entregas de valor continuas y sostenibles. Así, la agilidad no implica como resultado la entrega de valor continua y sostenible, pero el agilismo sí. Por tanto, sería adecuado que las empresas que se autodefinen como ágiles analicen bien si lo que han hecho es empezar a moverse con soltura y rapidez (lo que ya en sí supondría haber avanzado hacia la agilidad y las diferencia respecto a otras competidoras) o determinar la obligatoriedad de entregar valor de manera continua y sostenible a sus clientes y usuarios, y hacerlo además con soltura y rapidez (lo que las colocaría ya en el terreno del agilismo). Sumar agilidad y agilismo parece la clave para caminar con paso firme por el sendero de la Transformación Digital.

También analizo la visión de algunos expertos acerca de la verdadera relación entre Transformación Digital y tecnología, y no escondo que en este punto habrá sorpresas, polémica y, con toda seguridad, detracción. En los apartados «Esto va de personas, no de sistemas» e «Inteligencia racional, inteligencia emocional e inteligencia artificial», expongo algunos casos en los que precisamente el área de IT, TI, Tecnología y Sistemas o como se llame en cada organización puede suponer el mayor freno al correcto tránsito hacia un nuevo modelo de negocio con nuevas maneras de trabajar y diferente cultura.

Los silos como amenaza de destrucción masiva y la sorprendente aparición de nuevos silos digitales tienen su lugar y su análisis en este libro, de igual forma que planteo la conveniencia de derribarlos, o tal vez rodearlos, pues no siempre lo primero es posible ni más rápido.

A lo largo de estas páginas también desarrollo mi visión sobre la importancia de establecer de modo claro y transparente los objetivos perseguidos y de manera especialmente crítica concretar «para quién» definimos, diseñamos y ejecutamos el proceso. En este punto insisto sobre la indiscutible condición de protagonista del usuario final o cliente y la relevancia que, por tanto, adquieren las nuevas formas y herramientas ágiles de trabajar y organizarse. Además, hablo de una herramienta esencial para favorecer cualquier proceso de Transformación Digital, el diseño centrado en el ser humano *(Human Centered Design)*, en particular la importancia de desarrollar minuciosamente la fase de descubrimiento y, más concretamente, la de definición detallada y minuciosa del usuario o cliente para el que vamos a trabajar *(persona definition)* como base de la transformación, algo que se suele saltar mucha gente para luego, cuando las cosas no funcionan según lo esperado, echarlo de menos.

No falta a la cita la discusión sobre la trascendencia que los procesos de Transformación Digital tienen a la hora de mejorar la salud del planeta y preservar su sostenibilidad. En el apartado «Sostenibilidad y digitalización» desarrollo el desacertado, desde mi punto de vista, maniqueísmo ecologista, cada vez más aplaudido, a partir del cual resulta más atractivo plantar un árbol (y luego abrazarlo) que facilitar y potenciar la enorme reducción de emisiones (además de muchos otros beneficios para la Tierra) que un adecuado proceso de digitalización genera en nuestro ecosistema. También pongo el foco en la capacidad de la digitalización para mejorar nuestra sostenibilidad mental, para mí sin duda más importante que cualquier otra cosa.

En este libro se tratan muchos otros temas con la intención de entregar un manual de cabecera en el que tanto los CEO como los ejecutivos de cualquier nivel de la organización puedan apoyarse si deciden —algo que cada vez parece menos opcional— acometer el siempre apasionante proceso de Transformación Digital.

* * *

El libro se divide en seis capítulos. En el capítulo 1, «La transformación digital, una nueva ola», analizo el contexto y la génesis de la misma y desarrollo algunas cuestiones básicas, como ¿qué es la Transformación Digital?, ¿por qué y para qué acometer el proceso? y ¿cómo tener éxito en su desarrollo? . Doy respuesta —pues no son mayoría los que lo tienen claro— a la eterna pregunta de ¿dónde acaba esto?, o si vamos a estar transformándonos continuamente sin final. Intento llegar al consenso sobre lo que de verdad esconde un proceso de Transformación Digital a partir de la contraposición de dos definiciones que parecen asemejarse mucho pero que esconden en sus diferencias el germen del éxito en el proceso —y con las que no me quedo, en cualquier caso—.

En el capítulo 2, ¿Transformación o metamorfosis digital?, insisto en la necesidad de entender bien algunos conceptos básicos muy necesarios para quien acomete desde el liderazgo este apasionante reto de caminar por el sendero de la transformación con paso firme, o al menos todo lo firme que se puede pisar un terreno que todavía no ha sido asfaltado en muchos de sus tramos.

Además, analizo en detalle qué es la transformación y qué la metamorfosis. La primera es, simplemente, cambiar de una forma a otra, mientras que la metamorfosis consiste en la transformación que experimentan determinados seres vivos en su desarrollo biológico que afecta no solo a su forma, sino también a sus funciones y a su modo de vida (un cambio de una cosa en otra, especialmente el que es sorprendente o extraordinario y afecta a la fortuna, el carácter o el estado de una persona).

La palabra *metamorfosis* es de uso común entre los hablantes; el DLE la recoge con el significado, en su primera acepción, de «transformación de algo en otra cosa». Ya la empleaban de esta manera los clásicos de la lengua, incluido Cervantes. En todo caso, tal vez tiene el matiz para el hablante culto de «cambio completo, radical y definitivo». Dicen que las nuevas ideas suponen una metamorfosis completa de nuestro modo de pensar. Entonces, ¿no deberíamos hablar de *metamorfosis*? ¿No sería más adecuado que hacerlo de *transformación*? ¿Sería quizás mejor hablar de *metamorfosis digital*? Con esta idea introductoria pretendo despertar los ánimos y conseguir abrir el apetito y las ganas de seguir adelante.

Todo lo anterior nos llevará a reflexionar sobre transformación y disrupción, su necesaria conexión y la exigencia de transitar por diferentes fases para llegar de lo evolutivo a lo disruptivo como si de un verdadero proceso de metamorfosis se tratara.

Asimismo, esta obra plantea el debate de cómo se afronta muchas veces el proceso de transformación frente a cómo se debería afrontar a partir de un texto de Arnau Benlloch, periodista y autor de *100 maneras de conectarse a la fuente*, quien señala: «Y justo cuando la oruga pensó que era su final, se transformó en mariposa». «En ocasiones, cuando en tu desesperación optas por la rendición, es cuando te permites la verdadera transformación. Pero la rendición no es sencilla pues necesitas haberte dado un buen paseo por tus miedos, por tus manías, tus obsesiones, tu necesidad de control, hasta que caes de nuevo en la cuenta de que todo está bien».

Una vez que hemos reflexionado sobre lo anterior, me centro en intentar llegar al consenso sobre lo que esconde un proceso de Transformación Digital (capítulo 3) a partir de las siguientes dos definiciones a las que me he referido más arriba, que serán objeto de análisis y comentario:

«La Transformación Digital es el proceso de adaptación necesaria de todas y cada una de las compañías y organizaciones, sean del tamaño que sean y se dediquen a lo que se dediquen, a las nuevas necesidades del nuevo usuario que nace del desarrollo del ecosistema digital y crece de manera exponencial en sus exigencias».

«La Transformación Digital es el proceso mediante el cual las empresas reorganizan sus métodos y estrategias de trabajo con el objetivo de obtener mayores beneficios gracias a la optimización de la experiencia del cliente, la digitalización de los procesos y la implantación dinámica de la tecnología».

Al no estar conforme con ninguna de las dos definiciones en su totalidad, comparto qué he aprendido personalmente al respecto y doy mi propia definición, la que más me gusta, la que creo que recoge con mayor precisión lo que se esconde detrás del término *Transformación Digital.*

Delimitado su significado, propongo las que para mí constituyen las bases necesarias para poder intentar al menos tener éxito, tres cosas importantes que meter en la maleta, y por ese orden, antes de comenzar este viaje y que reflejan el vínculo entre Transformación Digital, agilidad y agilismo:

- La adaptación de las formas de trabajar y de pensar para generar soluciones con mayor rapidez, calidad, personalización y permanente iteración (si no lo haces, estás muerto en el ecosistema digital).
- La implementación de los cambios necesarios en la organización como consecuencia de lo anterior.
- La adopción de una nueva cultura a partir del cambio en la manera de pensar de los elementos de la organización que viene del distinto modo de trabajar implementado.

Vamos a descubrir cómo el primer cambio nos viene impuesto. Es el cambio en el modelo de relación con nuestros clientes y usuarios, una relación más digital, si no totalmente digital, en la mayoría de los casos (aquellos en los que sea precisamente el usuario quien nos lo demande). Al iniciar este viaje cambiamos la forma en la que nos relacionamos con nuestros clientes y lo hacemos para incrementar el valor percibido por ellos y generar mayor fidelización y recurrencia. Para tener posibilidades de éxito en este nuevo modelo de relación, tenemos que cambiar nuestra manera de trabajar y adoptar nuevas metodologías ¿agiles? para poder desarrollar servicios y productos que los clientes amen, y hacerlo de forma rápida y eficaz. Se trata de nuevos modos de trabajar que nos permitan conseguir pasar del cliente en el centro de la organización al cliente dentro de los procesos y la toma de decisiones de la organización.

El segundo cambio es uno que podríamos llamar *necesario,* casi *consecuencial y* que supone la evolución del modelo organizativo hacia una organización ágil. Trabajar de una nueva manera solamente será posible si desde la empresa se apoya el cambio de forma estructural. Necesitaremos estructuras flexibles que nos permitan acoger métodos ideados para ser más productivos y modos de trabajar y métodos de gobierno más ágiles y adaptables a los cambios y necesidades de clientes; deberemos disponer nuestros recursos de una manera más colaborativa, organizados por proyectos en equipos multidisciplinares alrededor de las necesidades de nuestros usuarios. Sin silos.

Y concluiremos que el tercer cambio es el resultante lógico de organizarnos de un modo diferente para trabajar de forma distinta; es el surgir de un cambio cultural que sucede a partir del momento en el que los elementos de la organización cambian su modo de pensar y de relacionarse con sus clientes y usuarios trabajando de forma radicalmente diferente. Se generan nuevos valores alrededor de los cuales surgen conversaciones, iniciativas, proyectos y resultados distintos, más largos, más anchos, más grandes, de los que el primer y mayor beneficiario es el cliente final de la compañía, quien verá cómo el valor que recibe desde la misma resulta exponencialmente mayor que el recibido hasta este momento.

Más adelante incido en la necesidad de comprender de manera profunda el concepto de Transformación Digital y llamo a poner el foco de este proceso no tanto en la D de Digitalización, sino en la T de Transformación:

- *Transformación* se escribe con T de Tecnología. Por ello es indiscutible la necesidad de las áreas de IT de abrirse al cambio (es sorprendente pero muy habitual su condición de barrera invisible o búnker antitransformacional). Que no nos hagan elegir entre el gestionar (*run;* la tecnología y los sistemas establecidos, habitualmente transaccionales, para que la compañía funcione de manera perfecta en la situación actual) o el cambiar o transformar (*change;* la tecnología y los sistemas que necesitamos y necesitaremos para sostener y soportar los cambios que deberemos introducir en el modelo de relación con nuestros clientes y usuarios en un futuro inmediato, si no rabioso presente). Que no nos digan «esto no se puede hacer sin afectar a los sistemas centrales *(core)* de la empresa», que no pongan sobre la mesa la amenaza de estropear el funcionamiento de la gestión transaccional si desarrollamos el sistema de gestión relacional. Que no pongan los cambios que necesitamos al final de la cola de trabajo sin asignar prioridad alguna. Es posible hacer el *run* y el *change* a la vez, y los responsables del área de Tecnología y Sistemas de la organización deberán asumir, desde ya, que hay que hacer el *change* para poder mantener el *run* y que, por tanto, tienen una enorme responsabilidad a la hora de hacer triunfar, o fracasar, el proceso de Transformación Digital que tanto precisa su organización.

- *Transformación* **se escribe con T de Talento.** Siempre he defendido, y lo sigo haciendo con vehemencia en ocasiones, que para conseguir un exitoso proceso de transformación se hace absolutamente imprescindible atraer, hacer crecer y retener el Talento dentro de la organización. Con T mayúscula. Es imprescindible contar con un buen plan de formación, preparar y afrontar de manera adecuada y con recursos suficientes una recualificación y reeducación y diseñar e implementar programas de desarrollo de habilidades a partir del concepto «aprendemos mientras hacemos» *(we learn by doing)*.
- *Transformación* **se escribe con T de Terceros.** No responde a criterios de conveniencia, sino que más bien es una obligación apoyarse siempre en terceros especialistas en cada uno de los aspectos clave de la Transformación Digital. Dejarse guiar, solicitar consejo y entrenar bajo la supervisión de especialistas resulta totalmente necesario y debería ser obligatorio.
- *Transformación* **se escribe con D de Digital.** Ya nadie discute la relevancia de acometer la digitalización de soluciones y propuestas de valor, y de manera concatenada la de los procesos que soportan las operaciones que activan dichas soluciones. Y todos

coincidimos en la importancia de hacerlo con visión de usuario y tras un rediseño y una adaptación (anteriores a la digitalización) de dichos procesos a las exigencias del ecosistema digital.

Llegados a este punto, tocará empezar a hacernos las preguntas necesarias inherentes a cualquier proceso de transformación y proponer respuestas concretas:

- **¿Transformarnos para quién?** Para nuestro usuario o cliente. Si iniciamos el viaje, que sea para generar la mejor experiencia a nuestro cliente o usuario—de ahí la imperiosa necesidad de definir muy claramente para quién nos transformamos— y provocar en usuarios internos y externos el sentimiento de orgullo de pertenencia a nuestro mundo, a lo que representamos como compañía. Por ello hay que poder acceder y saber manejar herramientas de altísima eficacia para conseguir que todas nuestras acciones partan de la definición de la persona para la que vamos a diseñarlas y desarrollarlas. ¿Quién es?, ¿cuáles son sus necesidades?, ¿qué soluciones le podemos dar a cada una sabiendo cómo es, cómo piensa, qué hace y dice y cuál es su entorno? Sabiendo muy bien para qué persona trabajamos, podremos lograr su colaboración, su satisfacción y su compromiso con nuestro proceso de transformación, del que es la verdadera protagonista.
- **¿Qué queremos conseguir?, ¿dónde queremos llegar?** Nos transformamos también para diferenciarnos de manera continua y permanente de la competencia. Cambiamos nuestra manera de trabajar, actuar y pensar como única vía posible de continuar ampliando las orillas de nuestro negocio. Y lo hacemos para crecer. Actualmente no parece vislumbrarse alternativa de crecimiento para las compañías que renuncian a llevar a buen término una verdadera transformación de sus modelos de negocio.
- **¿Cómo debemos preparar nuestra empresa para acometer el proceso de transformación?** Igual que no se nos ocurriría empezar a correr sin estirar y calentar y sin plantear una estrategia de carrera, cualquier organización antes de empezar la carrera de la Transformación Digital, organizacional y cultural deberá, en la medida de lo posible y de forma diferente a como lo hace en la actualidad, entre otras cuestiones, fijar su propia

estrategia, acordar los hitos que ha de alcanzar en determinados tiempos y definir nuevos indicadores clave de rendimiento (KPI) que la lleven a hacer lo que tiene que hacer.

Una vez contestadas estas preguntas, entraremos a analizar los ejes, claves y retos en la Transformación Digital para toda compañía u organización. En este apartado propongo una reflexión sobre la obligatoriedad de incorporar al proceso al usuario final, escuchándole de manera activa y sumándole a la toma de decisiones y a la ejecución de las soluciones que nos reclama. Y hablo también de cómo generar transversalidad en los equipos para conseguir inteligencia colectiva exponencial (*Exponential Collective Intelligence* [XCI]) y de cómo solo la democratización del acceso y el conocimiento de los datos trabajan a favor de la buscada transformación.

A partir del capítulo 4, «Pilares, palancas y barreras», el libro se centra en dejar muy clara la necesidad de contar con unos pilares sólidos sobre los que edificar el edificio de la transformación, de detectar las palancas existentes en la organización (que activarán el proceso en un principio y a partir de las que iniciaremos el cambio) y de descubrir qué barreras se levantan y cuáles permanecen en la invisibilidad (pero preparadas para saltar ante el posible éxito de la misión), y actuar contundentemente contra ellas.

Las barreras (las que se ven y las que no) se explican en los apartados «Primera barrera: la PMO. Mata tu PMO», «Segunda barrera: directivos y directores. Necesitamos un Danacol» y «Tercera barrera: los nuevos silos digitales», que completarán el análisis sobre los peligros internos que acechan a la organización y se estructuran y organizan alrededor de la resistencia al cambio.

En el capítulo 5, «Errores y aciertos», expongo los que desde mi punto de vista se erigen como los errores más comunes a la hora de ejecutar un proceso de Transformación Digital y sus vertientes organizacional y cultural. Y aporto al mismo tiempo las soluciones indicadas para acertar y corregir dichos errores, algunas globales, aplicables a todo proceso, y otras más concretas ante defectos de funcionamiento más específicos. Uno de los errores más extendidos es pensar que la Transformación Digital comienza y acaba en el área de Tecnología y Sistemas. En el apartado «Esto va de personas, no de sistemas», desarrollo la importancia de incorporar el área de Recursos Humanos

(RR. HH.) —*People*— como elemento motor para el apoyo del correcto funcionamiento de cualquier proceso de Transformación Digital, muy por encima de la tecnología, cuyo papel debería ceñirse a soportar de manera adecuada el cambio necesario.

Muy común es también encontrarnos con organizaciones que pivotan su transformación en el desarrollo o la adquisición de soluciones y modelos de inteligencia artificial (IA) sin tener muy claro cómo, por qué o para qué deben utilizarse. Casi nadie habla —yo sí lo haré— de la tremenda importancia que desempeña la inteligencia emocional en la transición hacia un modelo de negocio líquido, o híbrido, resultado al que debemos aspirar como consecuencia de nuestro proceso de Transformación Digital.

Por último, en el capítulo 6, «Reflexiones finales y consejos», analizo cómo podemos conseguir un adecuado proceso de transformación para cada uno de nosotros. No todos tenemos o estamos bajo las mismas circunstancias ni todos trabajamos para el mismo perfil de usuario. Aunque no siempre oportunos, existen diferentes caminos que llevan a culminar el proceso. Lo compartiremos en el apartado Rutas diferentes para un mismo destino.

Esta última parte analiza la actitud de algunas organizaciones en el área de responsabilidad social corporativa y sostenibilidad y defiende la Transformación Digital como arma de generación masiva de sostenibilidad, tanto ambiental como mental, en el apartado Sostenibilidad y digitalización. La digitalización bien enfocada ayuda, y puede hacerlo a escala exponencial, a muchísimas personas con inestabilidad que descubren en ese ecosistema la oportunidad de no exponerse demasiado y acceder a apoyo, cuidados y tratamientos sin la necesidad de compartir algo que muchas consideran todavía —desgraciadamente— una tara social.

Completan el libro una serie de consejos prácticos para empezar, del tipo ¿Qué hacer cuándo...?, lo que pretende ser una guía de puesta en marcha rápida de un proceso de transformación basado en la experiencia adquirida tras multitud de situaciones que se repiten fielmente de organización en organización.

Y cierro el libro con mi visión sobre el final de este apasionante proceso transformador hablando de modelos líquidos y modelos líquidos-híbridos de negocio y echándole un rápido vistazo a lo que viene: los ecosistemas abiertos de experiencia de uso.

1

LA TRANSFORMACIÓN DIGITAL, UNA NUEVA OLA

«Somos lo que hacemos para cambiar lo que somos»
Eduardo Galeano

Decía Aristóteles que un pensamiento genera una acción, esa acción nos lleva a un comportamiento, ese comportamiento repetido nos crea hábito, y de ahí se desprenden nuestro carácter y nuestro destino. A través de esta reflexión realizada hace más de 2300 años, definía el filósofo, polímata y científico de Estagira la importancia y las consecuencias de nuestra forma de pensar y de comportarnos y de la capacidad de aprendizaje de cara a poder provocar y completar un proceso de transformación. Y se definía, ya de paso, lo que es en sí ese proceso y cuáles son sus vectores principales. Alguien piensa algo diferente, ¿por qué no?, y se pone a hacer algo de una forma determinada, también distinta a lo que venía haciendo hasta ese momento. Y es precisamente la repetición de ese distinto modo de hacer las cosas, de ese comportamiento inspirado por ese pensamiento, lo que genera el hábito que transforma nuestra realidad: pensar y hacer, y hacer hasta resultar transformados, y transformar así nuestra realidad y la de quienes nos rodean.

Esta reflexión de Aristóteles lleva a muchos a radicar la génesis de la transformación en el pensamiento. Y no les falta razón, pero yo creo más en el método que nos conduce al hábito que en el mero pensamiento como motor del cambio. Sin lugar a duda, el arte de la transformación nace del pensamiento, pero habita en el cómo. Es el cambio en la manera de hacer las cosas lo que nos lleva a esa nueva forma de pensar acerca de lo que tenemos por delante como personas o como empresa. Y está en la metodología aplicada a ese pensamiento que quiere y busca transformar los patrones y modelos de relación que presiden nuestro comportamiento, y que lo hace desde que el hombre es hombre, pues si hay alguna constante asociada a un patrón de comportamiento en el ser humano es la búsqueda permanente de cambio.

No es raro, pues, que estemos asistiendo en los últimos años a la adaptación de esa constante, de esa búsqueda permanente de cambio, al ecosistema que precisamente esa búsqueda ha desarrollado a partir de la tecnología. El arte de transformar, inherente al ser humano, genera primero un mundo nuevo digital al que después debemos adaptarnos y en el que se producen nuevos modelos de relación marcados por indicadores muy diferentes a los hasta entonces contemplados.

Surge así el movimiento por la Transformación Digital, pero ¿sabías que más del 70 % de los procesos de transformación fracasan? ¿Y por qué? Te daré una pista: en este caso, querer no es poder; hay que saber.

1. Surfeando la nueva ola

Quien más quien menos sabe lo que significa vivir una era. De hecho, se suele contar la historia de nuestro planeta clasificándola por eras, es decir, por períodos largos de tiempo. En un principio, de millones de años, como las eras Arcaica, Mesozoica y Cenozoica, que nos traen a la actual era del Antropoceno, en la que la característica más notoria es la capacidad que tenemos la especie que la vivimos —o sea, nosotros— de destruir nuestro propio hábitat y de ser conscientes precisamente de que podemos hacerlo. Es una era de la que nos estamos despidiendo un poco a la francesa porque no nos damos cuenta de lo rápido que nos vamos de ella.

Vivimos —al menos eso dicen los que de esto dicen saber— el inicio de una nueva era: la era de la Transformación Digital. Yo prefiero pensar que lo que estamos viviendo es un nuevo período de cambio, uno más al fin y al cabo, empujado en este caso por la aparición de un nuevo ecosistema, el digital, circunstancia que no solo favorece sino que exige el surgimiento de este fenómeno de transformación. Se trata de un período que constituiría el final de la era del Antropoceno y abriría el camino a la era del Virtuceno, cuyo primer paso vendría marcado por esta llamada *Transformación Digital,* principio y fin de este cambio de era, fin y principio de un nuevo mundo en el que nuestra relación con la materia, el espacio y el tiempo se ve alterada, pues habitamos un planeta que no es físico, sino que está hecho de unos y ceros. Es un mundo digital para el que tenemos que estar preparados porque nuestros universos conocidos cambiarán y aparecerán otros nuevos. Precisamente por esa necesidad de estar preparados, surge lo que algunos han bautizado como *movimiento por la Transformación Digital,* que no es más que un acto casi reflejo del hombre absolutamente necesario para sobrevivir.

Por intentar poner cada cosa en su sitio, diría que vivimos la ola de la Transformación Digital dentro del Virtuceno. Creo que cada era ha tenido asimismo sus olas de cambio marcadas siempre por la necesidad del hombre de modificar la manera de hacer las cosas para adaptarse a la realidad que va generando con la evolución de su pensamiento. Se trata del círculo virtuoso de la transformación, que ahora se ve favorecido y empujado por la aparición de nuevas tecnologías emergentes.

¿O nosotros en España no estamos surfeando aún esa ola, aunque pensemos que sí? ¿No nos está costando más que a otros cambiar nuestros hábitos y formas de trabajar para adaptarnos al nuevo mundo digital y a sus diferentes modelos de relación?

Un reciente estudio (de febrero de 2022) de la Escuela de Negocios IEBS nos hace ver que, aunque la pandemia ha acelerado los mal llamados en ocasiones *procesos de Transformación Digital* de muchas compañías españolas, el progreso está siendo desigual. Los datos indican que solo el 25 % de las empresas están muy avanzadas o totalmente a la vanguardia en Transformación Digital y, aunque un 59.5 % tienen un plan de digitalización en marcha, todavía un 15.1 % no han iniciado su evolución hacia un modelo más digital.

Por otro lado, la capacidad de las organizaciones para adaptarse a los cambios también resulta desigual. Cuando se les preguntó a los participantes en el estudio si creían que su empresa era ágil a la hora de adaptarse a los nuevos cambios del entorno, el 48.4 % consideraron que sí, aunque con margen de mejora, mientras que un 28.6 % aún no creían que lo fuera. Estas cifras son malas e incluso peores que las del año anterior, que concluían que un 53.5 % eran ágiles frente a un 22.9 % que no lo eran. Quizás vamos aprendiendo en qué consiste realmente eso de ser ágil y la necesidad de serlo para vencer en la batalla de la Transformación Digital.

En todo caso, y sin pretender dar una respuesta que acierte con la situación real, la ola de este proceso de transformación está frente a nosotros y cada compañía surfea a su modo. Muchos se han subido a esta ola un poco a lo loco, casi sin encerar la tabla, sin la tabla adecuada o sin tabla directamente. Y —como desarrollaré después— no seré yo quien critique haberlo hecho, porque es mejor esto que quedarse en la orilla, pero, como algunos ya nos hemos dado unos cuantos golpes en otras tantas caídas, creo poder aportar valor al compartir algunos trucos y avisar de algunas cosas.

¿Qué hay que hacer antes de empezar?, ¿cómo debemos definir los ejes sobre los que hacer pivotar el proceso?, ¿cuáles suelen ser las claves que hay que activar?, ¿qué retos nos encontraremos? Es fundamental detectar las palancas existentes en la organización, así como buscar y desactivar barreras, visibles o invisibles, para derribarlas desde el primer momento.

Y dicho esto, ¿alguien tiene claro qué significa *Transformación Digital*, si es que tiene significado único y propio como tal?

2. Transformación Digital. Contexto

En este momento en el que la esperada ola ha llegado y tenemos una cola de compañías que han sacado el tique de la transformación y esperan su turno, que se amontonan unas sobre otras con propuestas «sin hervir» o que están ya en el ajo pero sin saber muy bien cómo llevar este proceso hacia adelante o siquiera hacia dónde llevarlo, es importante establecer muy bien el concepto estrecho, o la definición concreta, de lo que debería entenderse como *proceso de Transformación Digital.*

Debemos entender conceptos básicos al menos para no perder el norte, algo tristemente frecuente en estos días. Y es bueno darle algo de contexto al asunto.

Lo que sucede cuando uno intenta contextualizar este concepto es parecido a lo que decía un eslogan publicitario de muchísimo éxito hace ya años: «Busque, compare... y, si encuentra algo mejor, cómprelo». «Busca, compara, escoge la definición de Transformación Digital que te guste y adóptala como tuya» es el eslogan que aplicaría para intentar encontrar una definición de este tipo de cambio. Y, si no lo encuentras, no te preocupes, no pasa nada; genera la tuya propia, todo el mundo lo hace. Haz la prueba: busca en la Red, entra en Google o activa el buscador que tengas instalado en tu ordenador y teclea "transformación digital".

Traigo este asunto a colación para ilustrar lo que sucede en gran cantidad de sitios todos los días y a todas horas cuando alguien decide que se va a hablar de *Transformación Digital.* Cada uno habla de lo que quiere, y muchas veces poco o nada tiene que ver con el verdadero asunto que teóricamente les ocupa. Si hay algo que parece evidente, es que no es este un concepto que haya sido suficientemente bien definido y sobre el que haya unanimidad respecto a su significado.

Esto se nota muchísimo, por ejemplo, cuando diferentes organizaciones se lanzan a la búsqueda de personas para incorporarlas a sus nuevas áreas de Transformación Digital. Ninguno de los potenciales candidatos será requerido a hacer lo mismo ni evaluado por las mismas capacidades. Y personas que quizás no pasan el corte en la primera entrevista de un proceso de selección para dicha área pueden acabar siendo directores generales de Transformación y Negocio Digital (*Chief Digital & Transformation Officers*) en una gran compañía. Cosas de la vida.

Pero sigamos contextualizando. Me encuentro en mi búsqueda con un par de ofertas de formación en Transformación Digital firmadas por instituciones decimonónicas que tiran del prestigio legítimamente acumulado en los años de la tercera Revolución

Industrial y del gancho que tienen esas dos palabras juntas —porque *Transformación Digital* mola—para vender cursos de «marketing disruptivo digital» *(sic)* y otros seguramente superinteresantes en marketing y ventas y en negocio digital.

Miro el calendario: junio de 2022, y así están las cosas. Sigo adelante y me encuentro al fin lo que parece la primera definición de Transformación Digital, dada por Hewlett Packard Enterprise:

> «Es el proceso de sustitución total de métodos manuales, tradicionales y heredados de hacer negocios por las últimas alternativas digitales. Este tipo de reinvención toca todos los aspectos de un negocio, no solo la tecnología».

Sinceramente, me parece hasta una barbaridad conceptualizar así la Transformación Digital. Vamos a analizar esta primera definición con detalle.

Primera aseveración, a mi criterio errónea y peligrosa: «sustitución total de métodos manuales, tradicionales y heredados de hacer negocios». He aquí uno de los mayores problemas con los que se encuentra quien pretende iniciar este precioso proceso de transformación. Y no podía estar mejor redactado, no deja lugar a dudas. Sin embargo, muy poco tiene que ver este proceso con la sustitución de hombres por máquinas. O nada. Y mucho menos de forma «total». Esta acepción probablemente es la más alejada de mi visión humanista del proceso de todas las que he encontrado porque lleva a situaciones como las que se han vivido a lo largo de 2022 entre usuarios cabreados, con toda la razón, con instituciones bancarias y otras organizaciones y organismos que han llevado a los primeros a demonizar la digitalización de la banca.

Y no es esta la peor de las situaciones creadas a partir de esta manera de entender la Transformación Digital. Que se lo pregunten a los usuarios de cualquier administración pública a la que le haya ya dado por transformarse (o *digitalizarse,* como dicen ellos). En muchas de estas ocasiones se está provocando a quienes deberían ser los mayores beneficiarios de este tema, un sufrimiento innecesario derivado probablemente de este fundamentalismo digital que aboga por la sustitución total de métodos manuales y que flaco servicio presta al necesario desarrollo de los procesos de cambio. Este fundamentalismo a su vez alimenta el alzamiento de barreras intelectuales, sociales y económicas ante cualquier intento de gestión inteligente de dichos procesos, muy necesarios, si no fundamentales, en los tiempos que corren.

Enfocar los esfuerzos en aniquilar los muchos «métodos manuales, tradicionales y heredados» es simplemente absurdo. Por cierto, ¿qué tiene de malo heredar métodos de producción, de comercialización o incluso de análisis o aprender técnicas de venta de éxito globalmente reconocido que funcionan bien en cualquier organización? El esfuerzo debe centrarse en mejorar los procesos en su adaptación al ecosistema digital de tal manera que podamos aprovechar todas las oportunidades que nos ofrece. Así enriqueceremos nuestra propuesta de valor y acrecentaremos la satisfacción que nuestro usuario tiene y mantiene con nosotros con la experiencia que le generamos.

Segunda aseveración, a mi entender también errónea: esos métodos manuales, tradicionales y heredados deben sustituirse por «las últimas alternativas digitales». ¿No nos vale cualquier alternativa, debe ser siempre la última? De nuevo incurrir en la exageración nos lleva al imposible cumplimiento del mandato, pues no es otra cosa esta definición que algo imposible de llevar a cabo. Y, si lo fuera, no serviría para satisfacer a todas las personas sin acceso o sin ganas de acceder a esas últimas alternativas digitales. Más aún: la belleza del proceso de transformación está en saber adecuar la tecnología a las necesidades, los conocimientos y las posibilidades del usuario para el que trabajamos, al que prestamos servicio.

Este enfoque radical es el motivo principal que origina ya en 2022 el problema al que me refería un poco más arriba de la banca en España con la gente mayor —que no anciana— de la España rural —y la no tan rural— y la pérdida de oportunidad de hacer justo lo contrario, pues es justo lo contrario lo que busca un bien diseñado proceso de Transformación Digital. Lo que no puede pasarle a una organización, pública o privada, es que el resultado de su digitalización resulte en la exclusión de parte de sus usuarios. Volveré a este asunto un poco más adelante.

Sigo con la lectura que me permita crear un adecuado contexto al tema que nos ocupa con la esperanza de que encontraré algo que merezca la pena y no tardo en leer algo que encierra un poquito más de sentido común, aunque pone el foco en el vértice equivocado. Pero al menos le anima a uno leer definiciones como la que aporta ttandem Digital Studio:

> «La Transformación Digital se puede definir como la integración de todas las nuevas tecnologías en todas las áreas de la empresa para cambiar su forma de funcionar. El objetivo es optimizar los procesos, mejorar su competitividad y ofrecer un nuevo valor añadido a sus clientes».

Esta es sin duda mejor definición que la anterior, si bien creo necesario añadir algunos matices al hilo de su contenido.

Efectivamente, se da la integración de nuevas tecnologías en las organizaciones durante un proceso de Transformación Digital, aunque esto funciona al revés: no se integran para cambiar su forma de funcionar, sino que, como resultado del cambio en la manera de funcionar o trabajar de la organización y la focalización de los esfuerzos en la generación de la mejor experiencia de usuario posible en cada interacción, se hace necesaria y oportuna la incorporación de dicha tecnología. Pero no de «todas las nuevas tecnologías», faltaría más. ¿Todas? ¿Porque sí? ¿Y en todas las áreas de la empresa? Este absolutismo muchas veces empujado por el lado *techie* de la compañía en su afán de hacerse con el poder en nombre de la sagrada causa de la Transformación Digital es precisamente el principal motivo de mortalidad entre quienes han fracasado a la hora de transformarse. Y no son pocos, pues, como ya sabemos, alcanzan hasta el 70 %.

En todo caso, el hecho de que se contemple el cambio en la forma de funcionar es algo positivo con lo que debemos quedarnos desde ya: la Transformación Digital pasa por un cambio en el modo de trabajar y, como consecuencia, de funcionar.

Otra cosa bien diferente y que no nos debe confundir es que el objetivo sea «optimizar los procesos, mejorar su competitividad». De hecho, podríamos discutir si estos son objetivos en sí o más bien lo primero es un requisito (optimizar los procesos) favorecido dentro del ecosistema digital por las múltiples opciones que brinda para hacerlo y lo segundo un resultado pretendido también por cualquier organización (la mejora de la competitividad), inherentes ambos al objetivo real, que deberá ser, como ya hemos apuntado, la generación de la mejor experiencia de usuario posible (expresado aquí como «valor añadido») siempre, esto es, en cada interacción o micromomento.

A esta definición, mucho mejor que la anterior pero no es suficientemente buena, le sigue alguna aclaración que mejora la impresión inicial que uno se lleva: «[...] la Transformación Digital implica un cambio en la mentalidad de los directivos y los empleados de las organizaciones. Es una apuesta de futuro hacia nuevos métodos de trabajo que aprovechen todo el potencial de la digitalización».

Son cosas buenas desordenadas y un poco faltas de conexión o proceso. Es como si supiéramos de qué va pero no en qué orden ni la importancia de cada uno de los factores. Y en Transformación Digital «el orden de los factores sí altera el producto». A pesar de ser un multiplicador exponencial, o precisamente por ello, no se sujeta a las leyes de la conmutatividad —que me perdonen Pitágoras, Euclides o Servois—. En realidad, no suele suceder así: no es primero el cambio de mentalidad de los directivos y los empleados de la organización. Ni lo es ni tendríamos que esperar que fuera anterior al cambio de nuestros métodos de trabajo, lo que constituye sin duda el detonador de cualquier proceso de Transformación Digital. No nos daría tiempo. La velocidad que imprime y exige el mundo digital es tal, que la empresa normalmente no se puede permitir el lujo siquiera de intentar cambiar su mentalidad. Estas son lentejas y, aunque se saben no preparadas, las compañías saben que las tienen que tomar, no las pueden dejar porque corren el peligro de morir de «inanición digital».

La secuencia de la Transformación Digital comienza habitualmente con una organización en la que «alguien» se da cuenta de que no llega, de que su usuario o cliente se le escapa y de que no tiene mucho tiempo para reaccionar; tiene que cambiar, aunque no sabe muy bien cómo. Y quien acierta es quien decide adaptar su manera de trabajar, modificar esos métodos de trabajo de los que nos habla la última definición por otros adecuados a las nuevas circunstancias. Y acepta acometer el cambio, no como consecuencia de la adopción de una nueva mentalidad que todavía no se ha producido, sino como única alternativa posible para la que incluso aún no está preparado. Y aquí, en esta decisión de llevar a la empresa hacia un futuro mejor, muchas veces simplemente hacia uno que nadie tuvo ni tiene asegurado, con independencia de si la organización cuenta con la preparación y la madurez suficientes, es donde un CEO se gana su sueldo. Ese pensamiento del que hablaba Aristóteles y que genera la acción debe emanar de ese «alguien» que es quien lidera la organización sin esperar o pretender que cambie la mentalidad de directivos y empleados. Ya lo harán. En este momento, con que piense uno, vale; los demás, a ejecutar, y a hacerlo bien.

Debe ser él quien que lo vea, lo inicie y lo empuje, quien lo haga y quien gane. Ser el CEO de una compañía que se enfrenta a la necesidad de afrontar la necesaria disrupción digital a veces puede parecerse —y se parece— a un jugador sentado en la mesa de la ruleta metiendo fichas para ganar: sabe que tiene que apostar aunque no sepa muy bien a qué y nadie le asegure que va a ganar. No es el azar lo que dictaminará su éxito, pero hay que ser extraordinariamente valiente para acometer la reinvención de la organización y dejarse de mejoras evolutivas e incluso incrementales que no vendrán mal, pero no marcarán la diferencia.

Incidiré sobre este punto más adelante a la hora de hablar del rol del CEO en el proceso de Transformación Digital, pero ahora sigo inmerso en la búsqueda de más definiciones que poder utilizar para centrar el contexto del tema que nos ocupa.

A medida que voy encontrando diferentes acepciones, recuerdo lo que de pequeño aprendí sobre que el significado último de una palabra está finalmente compuesto por el total de sus acepciones y que, por tanto, puede variar de acuerdo con cada una. Y quizás sea de verdad así, aunque la sola idea me hace pensar en dejar este proyecto en este mismo momento. «El total de sus acepciones». Miles. Y no precisamente girando todas alrededor del mismo núcleo conceptual, lo que complica a cualquiera la tarea de arrojar algo de luz en este asunto.

Profundizando en mi análisis contextual, creo que aporta valor la siguiente afirmación de Miguel Cantú (www.miguelcantu.mba):

«El principal objetivo de la Transformación Digital es proporcionar un mejor servicio o producto al usuario final cambiando la forma en la que una organización hace negocios».

He visto algo de luz al leer, por primera vez después de mucho clicar, la expresión *usuario final* dentro del contexto de la definición de Transformación Digital. Y me emociona. Es cierto que no se trata de una definición, ni siquiera de una acepción, sino de fijar los objetivos del proceso, y también es cierto que se sigue hablando de *producto* o *servicio* y no de *experiencia,* pero sin duda incorporar al usuario final como destinatario de este proceso de transformación de una organización responde a lo que se debe considerar un enfoque correcto. Porque, efectivamente, el principal y probablemente único objetivo de este proceso debe ser proporcionar la mejor experiencia de uso y resultado posible al usuario final y, si bien Cantú habla de «servicio o producto», entiendo que su pretensión se acerca a la idea, prácticamente ya universalmente asumida, de que el único sentido que tiene iniciar un proceso de Transformación Digital es elevar los índices de satisfacción de los clientes y usuarios, es decir, hacerles la vida más fácil.

Esto es lo que hace aún más incomprensible que el resultado de la Transformación Digital pueda llegar a ser un total y monumental enfado de los usuarios por el ya comentado y mal llamado *proceso de digitalización* de muchos bancos y otras organizaciones públicas y privadas españolas que en esa digitalización lo único que han visto es la posibilidad de ahorrar costes operativos, no de preocuparse lo más mínimo por el usuario.

Proporcionar un mejor servicio o producto al usuario final: insisto en que esta tiene que ser la razón de la Transformación Digital, si bien cambiaría *producto o servicio,* que pone su énfasis en lo que la organización hace, por el término *experiencia,* que hace depender el éxito de la compañía del grado de satisfacción que ese producto o servicio genera a su destinatario final. El producto o servicio solo será el mejor si origina en el usuario la mejor experiencia de uso y la mayor de las satisfacciones, por muy bueno que le parezca a quien lo ha diseñado, fabricado o prestado. De ahí que, íntimamente ligado al concepto de transformación, se hayan desarrollado otros muy de moda en la actualidad, como la experiencia del cliente *(customer experience [CX]),* la usabilidad o la experiencia de usuario (UX), convertidos en disciplinas merecedoras de grados universitarios y posgrados de prestigio. Y no seré yo quien quite importancia a convertirse en un experto en estos temas, si bien creo que la aplicación de las herramientas existentes en el mercado con buenas dosis de sentido común y trabajo pueden hacer de cualquier elemento de la organización un magnífico experto en UX/CX, concepto que, por otro lado, me chirría.

Al hilo de este asunto, recuerdo bien ese momento en el que me acerqué a uno de los equipos ágiles de una organización en la que era *Head Coach* de transformación para decirle que la solución digital en la que estábamos trabajando y que se encontraba en fase de prototipado tenía un defecto desde mi punto de vista: no se veía bien por el tipo y el tamaño de letra incorporado al frontal. Te puedes imaginar el cachondeo del equipo: que si estaba mayor, que si la presbicia, que si cambiara de gafas... «Vale, llevémoslo a validación con los usuarios», pedí. Y así se hizo. No lo voy a alargar mucho: el tipo de letra cambió y el tamaño aumentó en dos puntos, con el enfado del experto en UX, quien nos decía que lo que se llevaba en ese momento era lo que él había propuesto. Ojo con estos temas que toco en clave de humor pero que son muy serios y suelen costar mucho tiempo y dinero, además de mucha energía, a muchas empresas. El único experto en usabilidad es el usuario final al que va dirigida la propuesta de valor. Punto.

Muchas de las definiciones que siguen a la última analizada persisten en el muy común, desgraciadamente, error de confundir Transformación Digital con digitalización. Paso por encima por muchas —lo que no haré más adelante a la hora de analizar los errores más frecuentes a la hora de conceptualizar, definir, diseñar e implementar un verdadero proceso de Transformación Digital— hasta que me encuentro lo siguiente:

> «La Transformación Digital es el proceso por el cual las organizaciones o empresas reorganizan sus métodos de trabajo y estrategias en general para obtener más beneficios gracias a la digitalización de procesos y a la implementación dinámica de nuevas tecnologías» (Sonia Duro Limia. El blog de José Facchin www.josefacchin.com).

Al leerlo he experimentado una enorme frustración tras una gran alegría inicial, pues se trata de un buen inicio con muy mal final: reorganiza tus métodos de trabajo y tus «estrategias en general» para obtener más beneficios gracias a la tecnología y habrás transitado con éxito el proceso de Transformación Digital de tu compañía.

Esto es exactamente lo que nos puede llevar a perder el norte porque, aunque el enunciado empieza bien hablando de reorganizar métodos de trabajo, y eso refleja bien la adaptación necesaria de la forma de trabajar en cualquier organización tras la irrupción del ecosistema digital en nuestras vidas, lo hace con el exclusivo objetivo de obtener más beneficios gracias a la digitalización y las nuevas tecnologías. Este enfoque de «la digitalización me va a permitir ganar más dinero» es el que lleva a medir el progreso de la pretendida Transformación Digital, por ejemplo, por el número de puestos de trabajo (o, todavía peor, equivalentes a tiempo completo (*Full Time Equivalents* [FTE]) amortizados gracias a la digitalización y a la cantidad de procesos automatizados y olvida el sentido último, la razón o el propósito perseguidos a la hora de llevar a cabo un proceso verdaderamente profundo de cambio a partir de las ventajas generadas por el ecosistema digital. Es una mirada cortoplacista que utilizará la tecnología como máquina de ordeñar incluso antes de que la vaca esté lista para dar leche. Y lo peligroso es que esta definición tiene multitud de adeptos y seguidores.

Reflexiono acerca del riesgo real de que cualquier compañía pueda perder por completo el norte siguiendo este concepto. Sus KPI, sus políticas de inversión, la gestión de sus recursos (humanos, económicos y tecnológicos), todo, estaría desenfocado.

Pero vuelvo a mi análisis del contexto en el que nos estamos moviendo y encuentro una propuesta valiente del IEBS: «¿Qué es Transformación Digital y qué no es?». Podría estar mejor escrita esta llamada a la acción *(Call To Action [CTA])*, pero pincho lleno de curiosidad. Una institución de prestigio a la que respeto sobremanera que le entra muy directo al tema seguro que arroja luz en mi cada vez mayor inquietud... «Quédate con nosotros y descubre qué es y qué no es la Transformación Digital», reza su propuesta. Me quedo. ¿Y qué descubro? Que:

«La Transformación Digital son las nuevas oportunidades de estrategia de negocios que surgen gracias a la aparición de las tecnologías. Asimismo, este cambio no es solo tecnológico, sino que lleva consigo nuevas aptitudes tanto en las personas físicas como en la reinvención de organizaciones que afectan al mercado global tradicional. No está enfocada a la tecnología utilizada [...] sino en utilizarla para lograr los objetivos marcados. La Transformación Digital irá ligada a los objetivos y estrategias empresariales».

Leo con verdadera atención una y otra vez la definición y cada vez que la leo quiero entender más pero creo que entiendo menos, y a la vez entiendo más a quienes atacan estos procesos de adaptación y cambio. Su redacción es tan pobre, que es muy complicado extraer conclusión alguna, pero en sí esta definición no es tan mala y recoge algunas claves verdaderamente críticas de cualquier proceso de Transformación Digital. Encierra cosas interesantes; veámoslo paso a paso:

- **«La Transformación Digital "son" las nuevas oportunidades de estrategia de negocios que surgen gracias a la aparición de las tecnologías».** Algo de esto hay, pero ¿son las tecnologías las que permiten el surgimiento de nuevas «oportunidades de estrategia de negocios» o, por el contrario, son las personas las que, aprovechando las oportunidades que les brindan las tecnologías emergentes descubren la mejor manera de ejecutar la necesaria adaptación a la nueva forma de satisfacer las también nuevas —algunas, no todas— necesidades de sus usuarios y clientes? Definitivamente, es esta segunda la aproximación que nos acercará al éxito. Comprar la mejor tecnología no nos acercará a ningún sitio *per se;* tener personas brillantes e inteligentes en los equipos, seguro que sí.
- **«Este cambio no es solo tecnológico, sino que lleva consigo nuevas aptitudes tanto en las personas físicas como en la reinvención de organizaciones que afectan al mercado global tradicional».** ¡Es que es muy difícil de leer...! Aunque adivino lo que pretende decir y creo también coincidir en esencia con su contenido. Esto va de formar a las personas y de reinventar la forma de trabajar en las organizaciones, así como de rediseñar por completo su modelo organizativo como consecuencia de lo anterior.
- **«No está enfocada a la tecnología utilizada [...] sino en utilizarla para lograr los objetivos marcados».** Otra vez podrás coincidir en que efectivamente el proceso no se enfoca en la tecnología en sí, en la tecnología por la tecnología, sino que su desarrollo solo tendrá sentido si es susceptible de ser utilizada como soporte en la consecución de los objetivos que se persiguen, y no es esta una mirada desenfocada ni mucho menos,

pero está huérfana de valentía, pues no entra a determinar precisamente cuáles son los objetivos que deben presidir el desarrollo de cualquier proceso de transformación al amparo de las tecnologías digitales.

- «La Transformación Digital irá ligada a los objetivos y estrategias empresariales». Claro. Ahora entiendo por qué no marca objetivos, y es porque acepta como tales los que cada organización pueda determinar. Esto es un error, porque si la empresa no hace una profunda revisión de dichos objetivos y rediseña las estrategias en el nuevo entorno digital, de nada servirá acometer este proceso. Estaríamos ante un mero cambio que pretende alcanzar los mismos objetivos, y entonces, ¿para qué cambiar?

A las puertas como estoy de finalizar mi análisis contextual, y antes de presentar mis propuestas, además de los comentarios que ya he vertido y que dejan entrever por dónde irán, necesito asegurarme de no perder de vista nada relevante, nada que tenga pies o cabeza, o uno de los dos, así que decido acudir a algunas fuentes adicionales en la confianza de acudir a terreno «de valor».

Desisto de transcribir lo encontrado, pero no me puedo resistir a reflejar fielmente uno de los párrafos de la farragosa e impresentable definición que de Transformación Digital ofrece un reputado portal muy frecuentemente utilizado como «diccionario del ecosistema digital»:

«"La Transformación Digital" puede referirse al concepto de "eliminar el papel" y afecta tanto a empresas individuales como a segmentos enteros de la sociedad, como gobierno [...] como un avance a la mejora continua de un proceso en particular mediante el uso de la tecnología».

Brutal. Solo haré un par de comentarios: eliminar el papel —y los plásticos, por cierto—, reducir las emisiones de dióxido de carbono, caminar 10 000 pasos al día, volcarse en la utilización de energías renovables o al menos no contaminantes y obtener todos los beneficios que de la digitalización se pueden derivar son y deben ser consecuencias bajo medición obligatoria. Pero no habremos transformado la organización por el mero hecho de eliminar el papel, no beber en botellitas de plástico y plantar cientos de árboles. No nos equivoquemos. Este proceso no tiene nada que ver con eso, sino que afecta al corazón de la organización (a su propuesta de valor, a sus equipos, a sus procesos y también a su tecnología) y, si no se contempla así, cualquier iniciativa digital será algo puntual, cortoplacista y sin recorrido transformador.

Antes de terminar esta primera fase de análisis compartido, y como creo en esto, sigo buscando algo que me anime, que de verdad reafirme en mí el convencimiento que siempre he tenido de estar en un país en el que muchos han entendido bien el porqué, el cómo y el qué de la Transformación Digital y en el que a algunos además se nos ha dado la oportunidad de implementarlo. Porque solo entendiendo bien el porqué, el propósito último, podrán tener éxito las organizaciones que acometan el proceso complejo que supone la Transformación Digital. Y únicamente las que trabajen seriamente en definir de manera inteligente cómo transitar o recorrer dicho proceso asegurarán el éxito. Lo que cada compañía haga dentro de ese proceso será diferente, pero si cada uno hace lo que hace teniendo claro por qué y para quién y aplicando la manera más idónea, incorporando nuevas metodologías que permitan acortar los períodos de entrega de valor y estableciendo mecanismos de mejora continua de las propuestas de valor que se ofrecen a los usuarios, lo que haga estará bien con toda seguridad.

Conclusión del análisis contextual realizado: no logro encontrar nada realmente estimulante, si bien un par de cosas quedan claras: cada uno entiende y define, o define sin entenderla muy bien, la Transformación Digital de manera parecida a como Frank Sinatra declaraba vivir la vida en su inolvidable *My way:* a su manera.

3. Impacto y beneficios

Es muy importante tener bien medido el efecto que genera la Transformacion Digital en las organizaciones y, aunque no es linealmente aplicable a todas, resulta objeto de mucho mayor acuerdo que el propio hecho de encontrar una definición satisfactoria del proceso.

Si bien todavía hay compañías que no ven el valor de apostar por este proceso en sus negocios, que no han entendido su fantástica influencia y sus enormes beneficios, la llegada del coronavirus puso en jaque a millones de compañías en España y en todo el mundo, que vieron cómo en un abrir y cerrar de ojos el trabajo de muchos años podía desmoronarse en días u horas. Por ello, aun no teniendo claro el valor de la Transformación Digital, han apostado por ella. Esto me ha llevado multitud de veces a afirmar en foros muy distintos que «la COVID-19 ha sido un grandísimo consejero delegado» para muchas organizaciones al dar el pistoletazo de salida a su proceso de Transformación Digital.

Y es que ha tenido que llegar una crisis sanitaria global para confirmar que las empresas mejor capacitadas para la continuidad y el crecimiento de su actividad son las que han apostado por la digitalización y la tecnología asociada a ella como vía para satisfacer de manera idónea las necesidades de sus clientes, esto es, las que han apostado por una Transformación Digital con sentido y objetivos claros.

Todos sabemos que el mero incremento del uso de la tecnología no es suficiente para dar el paso hacia la Transformación Digital; hay que concienciar y formar a todo el equipo para que pueda sacar el máximo partido de las herramientas digitales en su día a día. Por tanto, teniendo en cuenta que la tecnología representa tan solo un medio dentro de la transformación empresarial, parece haber consenso contextual en que el principal cambio que deben asumir las compañías en esta nueva era que comienza tiene mucho más que ver con la cultura dentro de la organización que con el mero uso de las nuevas tecnologías.

El cambio de la cultura organizacional constituye, pues, la verdadera fuerza de un proceso cualquiera de Transformación Digital, que no puede reducirse solamente a utilizar un sistema corporativo de videoconferencias, hacer reuniones por Zoom, tener un nuevo sistema de gestión de la información o implementar una solución de productivización de datos, por muy avanzada que sea; dicha transformación empieza por una modificación en la forma de trabajar que provocará un cambio en la propia mentalidad de la compañía, que se dirigirá hacia un modelo ágil de innovación y eficiencia.

Pero además de este trascendental efecto, tenemos otros muchos. Un rápido repaso de alguno de ellos y de los muchos beneficios que obtendremos nos hará ver la importancia de acometer esta transformación sin mayor dilación.

Para empezar, se producirá un cambio en la gestión de las personas y los equipos. De manera efectiva, este proceso empieza en ellos. Necesitamos contar con personas capaces de entender las ventajas de los nuevos procesos, soluciones y sistemas como factor clave para obtener la mayor de las ventajas en la implementación de nuevas tecnologías. Y precisamos equipos empoderados. Pero de verdad.

Será asimismo inevitable un cambio en el modelo de liderazgo; como ya hemos dicho, un factor de extrema importancia será cómo se posicionan los líderes de la empresa ante la Transformación Digital. Ellos deben creer profundamente en el proceso y transmitirlo al resto de empleados. Los responsables de equipos, áreas o funciones han de dar ejemplo y apoyar la estrategia de arriba hacia abajo. No todos lo hacen. Hay mucho colesterol todavía.

Generaremos también cambios en el entorno. Aparecerán los nuevos espacios *phygitales* de colaboración (espacios que integran lo mejor del mundo físico y del digital para favorecer la comunicación dinámica entre el usuario y la organización), nuevas salas de videoconferencia, herramientas de comunicación instantánea y otras tecnologías que, si se emplean de forma adecuada, optimizarán el trabajo de los equipos, anulando las barreras de la distancia y favoreciendo la generación de inteligencia colectiva.

Se da a su vez un consenso contextual en lo que a los beneficios que acarrea un bien planificado y ejecutado proceso de Transformación Digital se refiere. Generalmente las organizaciones son conscientes de que el impacto de la Transformación Digital se acompaña de beneficios para ellas al mejorar el desempeño interno, la productividad y la relación con los clientes. Entre estos beneficios destacan dos: la mejora de la satisfacción de los trabajadores (y el consiguiente crecimiento del *Employees Net Promoting Score* [e-NPS] de la organización), quienes consiguen ser más productivos y aumentar su eficiencia operativa, y la mejora de la experiencia de usuarios y clientes (el beneficio más importante) gracias al rediseño y a la digitalización de algunos procesos que la empresa les ofrece (lo que conduce a aumentar su nivel de fidelización y por tanto a que resulte menos complicado defender su retención), considerando que los canales digitales permiten a estos clientes relacionarse con la compañía de una nueva forma, de manera más fácil y dinámica.

Otros beneficios globalmente aceptados son el ahorro de costes de tecnología y sistemas a partir de la implantación de determinados servicios que permiten reducir costes operativos y el incremento de la productividad al hacerse más fácil y ágil la toma de decisiones con la ayuda de las herramientas digitales.

Si lo hacemos bien, otros beneficios adicionales serán el surgimiento de nuevas oportunidades de negocio a partir del nuevo modo de trabajar, la incorporación de nuevas habilidades y capacidades a la empresa y la revisión e implementación de nuevos procesos de negocio que favorezcan la innovación y el impulso de ideas que incrementan la satisfacción que obtienen nuestros clientes.

Y como más importante beneficio colateral tenemos el reclutamiento de nuevo talento de profesionales especializados atraídos tanto por la nueva cultura corporativa de la organización como por las oportunidades laborales que brinda. No debemos prostituir este talento «corporativizándolo» y que luego la compañía tenga que trabajar para retenerlo, para lo que —te lo aseguro— no bastará con elevar su sueldo.

Por todo esto, la Transformación Digital debe ser un proceso progresivo pero constante que las empresas no pueden posponer más tiempo si quieren continuar compitiendo en un mercado cambiante y cada vez más exigente.

4. Conclusiones

Acabo esta primera fase de análisis con algunas aportaciones adicionales como conclusiones parciales e intentando poner algo de orden en esta visión contextual en la que he pretendido colocar al lector en el entorno de la Transformación Digital, que está «lleno y desordenado», «brillante pero polvoriento», «luminoso y a la vez lleno de ruido», en el que pocos se ponen de acuerdo y en el que hay tantas interpretaciones como organizaciones hayan iniciado el camino.

Elementos esenciales e ingredientes de la Transformación Digital

Estos son los cinco elementos esenciales de todo proceso de Transformación Digital:

1. **Liderazgo del CEO.** Es el primer elemento, básico para alcanzar la victoria final y a partir del cual se establece el tono del proceso. El CEO debe crear una visión y una estrategia, que tienen que compartirse y comunicarse de forma transparente pero inteligente en toda la organización. Esa estrategia ha de incorporar las metas de transformación de cada uno de los elementos de la compañía, apoyar la descentralización de los procesos de toma de decisiones y eliminar las barreras que pudieran ponerse a la comunicación interna, destruyendo así inmediatamente los silos de la organización.

2. **Implementación de un modelo de gestión ágil de productos.** A partir de este modelo se traducen la visión y la estrategia lideradas por el CEO en tácticas accionables o productos para el usuario final gestionados en ágil, ideando hipótesis y desarrollando prototipos que se pueden probar y validar rápidamente —en lugar de crear interminables listas de requisitos para su desarrollo— e iterando permanentemente para recopilar datos que validen los modelos o nos marquen dónde estamos fallando.

3. **Capacidad de desarrollo ágil de soluciones.** Consiste en la implementación rápida de productos utilizando herramientas de desarrollo modernas y procesos ágiles enfocados en la entrega de máximo valor al cliente final y con ciclos de retroalimentación más rápidos para la validación o el aprendizaje adicional y la mejora continua.

4. **Cambio en Tecnología y Sistemas.** Deben centrarse en proporcionar una base técnica estable y adecuada para los objetivos a corto y a largo plazo, así como en equilibrar la eficiencia de la estandarización frente a la necesidad de personalización y adoptar —sin adaptar— tecnologías abiertas e interoperables, pero sobre todo en aportar implementaciones de TI más flexibles.

5. **Adaptación de las operaciones.** Estas han de establecer una base de resiliencia ante la incertidumbre que se puede generar

en el proceso, pero no cercenar el cambio, sino abrazar la acción a pesar de los riesgos que pueda conllevar. Asimismo, tienen que buscar facilitar el trabajo a través de la automatización siempre que añada valor al usuario y utilizar métricas transparentes para toda la organización que midan los resultados.

Repasados los elementos esenciales, ¿cuáles serían los ingredientes básicos que no deberían faltar para quien quiera intentar tener éxito? Dos fundamentalmente: el foco en la mejora de la experiencia del usuario y la adopción progresiva de un nuevo modelo de negocio.

Necesitamos un modelo nuevo de organización que gira en torno a los requisitos de los clientes, no a los productos o servicios que vendemos, ni mucho menos a los procesos u operaciones que necesitamos. Los usuarios hoy tienen en cuenta mucho más que solo el producto, el servicio o el precio: esperan una atención personalizada, la mayor comodidad, la mejor experiencia y la sostenibilidad de todo ello en el tiempo.

Es crucial concentrarse en el cliente o usuario final (en cómo es, cómo piensa, qué dice, qué hace, qué escucha y qué siente) para tener éxito en el proceso de transformación y que dicha transformación afecte tanto a lo que hacemos como a nuestro modelo de negocio, que deberemos adaptar para poder hacer fluidamente lo nuevo que hacemos. No se trata ya tanto de vender un producto o un servicio, sino de establecer una relación personal basada en solucionar las necesidades de los clientes.

Esos nuevos modelos deben estar apoyados por nuevos procesos a su vez anclados en el *software* adecuado y soportados por los datos, a los que hay que asegurar plena accesibilidad y que sin duda desempeñan un papel estelar en estos procesos, como defenderemos a lo largo de este texto.

Respecto al segundo ingrediente para alcanzar el éxito, diseñar un nuevo modelo de negocio, consiste en convertir la transformación de la compañía en una oportunidad real de cambiar nuestro modelo de negocio, independientemente del sector o de la situación en los que nos encontremos, aprovechar para analizar nuestro entorno y confeccionar una hoja de ruta estructurada y transparente para su transformación, priorizando la generación de valor para los clientes y asumiendo los retos operativos, que los habrá.

El cambio del modelo de negocio no debe preocuparnos; más bien al contrario, pues supone una oportunidad. Al cambiar a un ecosistema digital, las empresas descubrirán nuevos modelos y opciones de crecimiento, muchas sin necesidad de poner en peligro sus procesos centrales. A pesar de lo que nos puedan decir, las herramientas digitales podrán, además, automatizar tareas recurrentes y aliviar el trabajo de muchas personas que de este modo se podrán centrar en apoyar la transformación dedicando su tiempo a los clientes y usuarios de la compañía. De esto hablaremos al final.

2
TRANSFORMACIÓN O METAMORFOSIS DIGITAL

1. De larvas a mariposas

Después de lo que hemos avanzado hasta aquí, creo que estoy preparado para proponer una respuesta concreta y comprometida a la pregunta que nos compete resolver: ¿qué es y qué deberíamos entender por *Transformación Digital*?

Me atreveré con ello un poco más adelante, porque ahora creo necesario reflexionar y debatir en la distancia sobre si estamos realmente utilizando bien las palabras a la hora de etiquetar el momento que estamos viviendo.

Por *transformación* se entiende, simplemente, «acción y efecto de cambiar de una forma a otra». Acción y efecto. Esto quiere decir que no basta con la acción y que debemos conseguir el efecto perseguido. No vale con el intento.

Tenemos que provocar y conseguir el cambio de una forma a otra, porque si no se da «de una forma a otra», no existe transformación, sino simplemente cambio. Y en este punto encontramos multitud de organizaciones, instituciones, empresas, *startups* y autónomos asumiendo como transformación algo que no lo es porque la introducción de determinados cambios, seguro que necesarios, es siempre buena, pero no nos llevará a iniciar, ni mucho menos a culminar, un ejercicio de transformación.

Recuerdo bien aquella imagen. En plena vorágine transformacional, una gran compañía rediseñó sus espacios de trabajo. Eso estaba bien, «Pero ¿para qué?», pregunté al responsable de inmuebles, quien había recibido el encargo de hacerlo y lo había ejecutado a la perfección. «No tengo ni idea; creo que es parte del plan de Transformación Digital». Nada más cambió. La gente volvió a llevar allí sus cosas, sus fotos y sus cactus, sus manías y sus barreras, y siguió trabajando exactamente igual que hasta ese momento. Eso sí, no había papeleras. Unos meses después, esos espacios bullían con gente de diferentes *startups* intercambiando conocimiento y pasión con personas de aquella empresa. «Ya que tenemos este sitio tan chulo, vamos a aprovecharlo para algo». No es la vía ortodoxa, pero no estuvo mal.

Pero no nos engañemos: solo un cambio, cuanto más radical mejor, en la manera de trabajar y, con esa finalidad, la adopción de metodologías que favorecen la entrega de valor a tus clientes y usuarios de modo rápido podrán formar parte de (y a su vez provocar) esa transformación tan necesaria para muchos. Y solamente a partir de ahí podremos generar otros cambios transformacionales en los ámbitos organizacional (originados por la irrupción y consolidación de esas nuevas formas de trabajar que exigen estructuras, espacios y circuitos nuevos en la compañía) y cultural como consecuencia de los anteriores.

Así y únicamente así llegará el pretendido giro en la manera colectiva y global de pensar que dará paso a la nueva cultura. Pero una simple modificación en la forma de pensar no traducida a la acción no es transformadora. Sin acción y efecto no hay transformación, aunque indudablemente las nuevas ideas son necesarias y pueden suponer y facilitar una metamorfosis completa de nuestro modo de pensar. Pero es que las nuevas ideas no surgen de plataformas de pensamiento obsoletas. Nunca.

Otros cambios también forman parte de un movimiento transformador pero no los generan, sino que son complementos necesarios

—que no suficientes— para el buen desarrollo de un proceso de transformación. El cambio en el discurso ayuda y es reconocido por todos como elemento fundamental de la comunicación que debe acompañar nuestro proceso, pero no resulta en sí transformador.

Lo mismo pasa con los cambios en la gente. Nos podemos traer —y de hecho es muy beneficioso que lo hagamos— a gente muy joven que viene de *startups* punteras, acostumbrada a trabajar en entornos ágiles y ecosistemas digitales, pero, si no cambiamos la forma en la que la organización viene trabajando hasta ese momento, lo único que lograremos, y lo digo desde la experiencia en primera persona, será «corporativizar» a esa gente joven y brillante y acabar con más de lo mismo.

¿Y los cambios en tecnología?, ¿podrían generar por sí mismos la transformación buscada? Pues tampoco, aunque muchos lo consideren el factor fundamental, porque el mero hecho de cambiar de tecnología o de sistemas no produce el cambio formal que necesitamos, aunque sí puede acelerarlo, y de hecho lo hace, cuando el proceso transformacional se ha iniciado. Lo inteligente será adaptar el cambio tecnológico en función de la nueva forma que queremos o debemos adoptar más allá de si tenemos o no capacidad de elección. Todo ayuda y será necesario, pero el verdadero detonador de la transformación será el cambio en la forma en la que nos relacionamos con nuestros clientes y usuarios.

A todo esto... ¿es *transformación* el término que refleja realmente este movimiento de cambio provocado tras la eclosión del ecosistema digital? ¿No sería más adecuado pensar que estamos ante la *metamorfosis digital*?

Si analizamos la definición de *metamorfosis,* es la transformación (cambio de forma) que experimentan determinados seres vivos en su desarrollo biológico y que afecta no solo a su forma, sino también a sus funciones y a su modo de vida. Es el cambio o transformación de una cosa en otra, especialmente el que es sorprendente o extraordinario y afecta a la fortuna, el carácter o el estado de una persona.

Este concepto me parece mucho más cercano a la realidad de lo que sucede día a día en cantidad de organizaciones en las que se está llevando a cabo, y se está haciendo bien, un proceso de Transformación Digital. Lo primero que se ve afectado es, y así debe ser, la forma. Se trata del cambio más aparente, el que todos ven; un cambio en la manera de trabajar, de proponer, de organizarse y de gobernarse con el fin de adaptarse al medio, que exige un modelo de relación distinto.

Hasta tiene lógica. Voy a explicarlo de una manera gráfica: imagina que tienes problemas con tu pareja. No tienen por qué ser importantes para ti, pero sí lo son para tu pareja. Esto es lo que significa «tienes que adaptarte al medio, que exige un modelo de relación distinto». Debes cambiar algo, y lo mejor será modificar el modo en el que estáis llevando la relación porque, si no, te dejará. Antes era más difícil, pero las cosas han cambiado, y te puede dejar a golpe de clic, así que tienes que ponerte las pilas. ¿Qué haces? Piensas en la mejor manera de solucionarlo: llamas a tus tres mejores amigos y a sus dos mejores amigas y trabajarás con ellos un plan. Ya has cambiado, no lo dudes. La forma en la que has afrontado el tema ha sido diferente: transversal, generadora de inteligencia colectiva, en un proceso en el que cada uno de esos amigos y cada una de esas amigas ha aportado un enorme valor a la solución. Y esta será algo que tu pareja ame. Has empezado a transformar la relación, has comenzado a transformarte tú y has empezado a transformar el modo en el que te relacionas y te ve tu pareja. Le gustas más. Seguro. Aunque solo sea porque sus amigos le van a decir cómo lo has hecho.

La palabra *metamorfosis* es de uso común entre los hablantes y está recogida en el DLE con el significado de «transformación de algo en otra cosa». Tras el cambio tendremos una cosa distinta a la primera. No es un término que se haya comenzado a utilizar de manera reciente; como ya mencioné en la introducción, ya la usaban de esta manera los clásicos de la lengua, incluyendo a Cervantes.

En todo caso, la palabra tiene para casi todos nosotros el matiz de implicar un cambio «completo, radical y definitivo». Esto es, un proceso de Transformación Digital bien desarrollado dará como resultado un cambio completo de la organización, un nuevo modelo, y además definitivo. No habrá vuelta atrás. Por eso algunas empresas que acometen este proceso con la intención de nadar y guardar la ropa ni nadan ni guardan la ropa, sino que fracasan y mueren en la orilla. Y son precisamente aquellos en la compañía que se reservan y asisten de manera pasiva al desarrollo del proceso los verdaderos culpables de esa muerte porque sus fuerzas eran necesarias para nadar y cruzar con éxito el río que tenían frente a ellos, pero prefirieron esperar y ver. Y vieron lo que querían ver. Y además se quedaron con la ropa de quienes murieron. Qué cantidad de veces pasa, ¿verdad? De esto hablaré profusamente en próximos capítulos. Colesterol. Muy alto. Muy malo.

El cambio debe ser radical para poder tildarse de transformador. Esto no va de campañas bien tiradas dando la imagen de *Digital-Business-Starting-Up-Again* —muy del rollo banca, seguros y muchísimos otros— para luego mantener las mismas maneras y manías. Te descubren pronto, y para siempre. Esta necesidad de cambio radical nos mete de lleno en el terreno de la disrupción y su conexión con la transformación y nos hace reflexionar sobre la necesidad de transitar por diferentes fases para llegar de lo evolutivo a lo disruptivo como si de un verdadero proceso de metamorfosis se tratara.

Lo anterior nos lleva a concluir que la Transformación Digital o, mejor dicho, la metamorfosis digital, culmina con la explosión disruptiva que convierte ya para siempre, y sin posibilidad de revertir el proceso, la larva en mariposa, la empresa en organización digital, o quizás en ecosistema digital, y con un modelo de negocio líquido o líquido-híbrido. Ese será el momento en el que podremos dar por concluido satisfactoriamente el proceso de metamorfosis digital: la aparición de un nuevo modelo líquido-híbrido de negocio. La mariposa.

Pero ¿es el cambio algo permanente, es decir, se puede vivir en un permanente proceso de transformación, sin fin? Es este un debate intenso y muy abierto todavía, precisamente alimentado de manera indiscriminada y nada aleatoria por los diferentes actores que intervienen de manera más o menos relevante, sea como protagonistas, como miembros del reparto o incluso —mucho cuidado con ellos— como antagonistas. Estos últimos esgrimen el argumento de la insoportable idea de la transformación permanente como algo imposible para la compañía, mientras es supercurioso ver cómo los verdaderos *transformers*, aquellos que se colocan al frente del proceso, lo empujan y completan, tienen claro que su misión empieza y acaba, tienen un objetivo que alcanzar y deben hacerlo de manera completa, radical, definitiva y disruptiva. Son como los velocistas: explosivos y expansivos, y a veces algo exhibicionistas. Una vez hecho el trabajo, una vez lanzada la carrera, a otra cosa. Los que mejor lo hayan hecho habrán sido cuidadosos a la hora de implementar en cada uno de los procesos y proyectos de transformación un minucioso sistema de medición sobre el que basar un modelo de mejora continua. O de *proyectocidio, planicidio* y *procesocidio,* basados igualmente en dichos sistemas de medición. Lo que no funciona se mata. Se pelea hasta el final, no se contempla de forma cínica. Se lucha por ello. Y, cuando tenemos datos ciertos de su segura agonía, se analizan las causas, como si de una autopsia *in vivo* se tratara, y se mata. Tal cual.

¿Por qué les da —sí, les da— entonces tanto miedo a las organizaciones afrontar abiertamente el proceso de metamorfosis que necesitan para seguir compitiendo en el nuevo mercado definido tras la aparición de un nuevo usuario que vive en un complejo ecosistema como es el digital? ¿Por qué esperan a estar desesperadas para asumir esa necesidad como la única solución posible en una especie de patada hacia adelante? Porque, aunque no lo creamos, las organizaciones son humanas, y los humanos somos conservadores. Hasta de la miseria: si es nuestra, es lo que tenemos, y si es lo único que tenemos, no lo podemos perder.

Por lo general, somos conservadores y también cobardes. Y esa cobardía hasta hace poco servía para ver cómo el loco aquel que arriesgaba, el valiente, normalmente perdía y moría, y facilitaba que los pusilánimes y mediocres recogieran sus restos y, tras cortarle la cabeza —no fuera que le diera por resucitar— y ponerse su ropa, usurparan su casa, su cuarto y su cama.

Solo algunos valientes asumen que no hace falta estar desesperado para optar por la transformación, sino que es precisamente esa predisposición a cambiar la que nos llevará lejos. Las empresas que funcionan y que no tienen líderes con visión suficiente han tardado un mundo en asumir que esto no es opcional: cambia o muere.

Me parece muy pertinente volver a traer en este momento aquí el brillante texto de Benlloch que ya cité en la introducción: «Y justo cuando la oruga pensó que era su final, se transformó en mariposa». «En ocasiones, cuando en tu desesperación optas por la rendición, es cuando te permites la verdadera transformación. Pero la rendición no es sencilla pues necesitas haberte dado un buen paseo por tus miedos, por tus manías, tus obsesiones, tu necesidad de control, hasta que caes de nuevo en la cuenta de que todo está bien».

Este es sin duda un mensaje potente, y a su vez puede que contradictorio. Parece proponer que únicamente cuando estás tan desesperado que solo te queda la rendición, el cierre, bajar la persiana para siempre e irte a la plaza a tomar unos vinos, es cuando te permites la verdadera transformación. No le falta razón si de un análisis de la realidad de muchas empresas se trata. Se acepta la necesidad de transformarse solo como última opción: «He defendido mi territorio hasta el final, ya no me quedan argumentos, aceptaré la necesidad de cambiar». Pero puede que sea tarde. Esto es precisamente lo que define el colesterol de dirección y gestión, como desarrollaré un poco más adelante.

Aunque volveremos a ello a la hora de hablar de barreras y palancas, creo que nos viene muy bien en este momento pararnos un momento en la siguiente frase de Benlloch: «[...] la rendición no es sencilla pues necesitas haberte dado un buen paseo por tus miedos, por tus manías, tus obsesiones, tu necesidad de control, hasta que caes de nuevo en la cuenta de que todo está bien».

El concepto de necesaria rendición previa es precisamente una de las barreras invisibles más difíciles de resolver de cara a la transformación de cualquier compañía. Porque a nadie le gusta rendirse; todos peleamos hasta la extenuación por aquello en lo que creemos, acertada o equivocadamente, y paseamos y paseamos y paseamos por, sobre todo, nuestra necesidad de control, y al fin concluimos que todo está bien, que no hay que rendirse y que otro será quien dé paso a la transformación. Y, si todo está bien, ¿por y para qué cambiar? Que cambien otros, que además es un lío de narices.

Y entonces, ¿qué debemos hacer cuando nos encontremos a los activistas de la resistencia, que ya se han dado varios paseos arreglándolo todo diciéndonos: «Esto aquí no es posible, esto no va a pasar, esto no lo cambias»? Vienen a mi memoria mis primeros días, hace ya años, en una compañía en la que, tras recibir el mandato del CEO de lanzar e impulsar el proceso de Transformación Digital, era más que frecuente que cualquier paseo por cualquier pasillo con cualquier persona despertara en muchos el comentario: «Mira, ese es un tal Zunzunegui, que dice que va a cambiar la manera en la que hacemos las cosas, el muy gilipollas».

¿Qué hacemos cuando nos encontramos a esta gente? Pues nada más fácil que contestarles que el cambio es posible cuando disponemos de los conocimientos necesarios (que muy probablemente quienes se resisten no tienen), de una mentalidad abierta (que definitivamente no tienen) y de una actitud enfocada a la acción (que ni tienen ni quieren tener ni les mola que tengan otros). Cuando estos factores (conocimiento, mentalidad y actitud) se alinean, no solo llega el cambio, sino que se produce una verdadera metamorfosis.

2. Metamorfosis y sufrimiento corporativo

«La adversidad es ocasión de virtud»
Séneca

El sufrimiento como oportunidad de aprendizaje

«Cuenta una antigua historia que un joven paseaba por el bosque. En su camino, halló una crisálida de mariposa resguardada entre las hojas de una planta, y la curiosidad le impulsó a llevársela a su casa para ver cómo nacía. Tras esperar durante varias horas, el joven observó, emocionado, cómo se había abierto un diminuto orificio en el capullo de mariposa. A los pocos minutos, empezó a notar cómo luchaba por salir a través del minúsculo agujero.

El tiempo pasaba, y parecía que la mariposa se había quedado atascada. Daba la sensación de que no progresaba en su intento por librarse de la cárcel de la crisálida. El joven, generoso y atento, decidió ayudarla. Sin pensarlo dos veces, cogió unas finas tijeras y realizó un corte lateral en el orificio del capullo para agrandarlo y facilitarle la salida. Y la mariposa salió al exterior sin necesidad de hacer ningún esfuerzo más.

El joven, satisfecho por su intervención, se quedó mirando la mariposa, que tenía el cuerpo hinchado y las alas pequeñas, débiles y plegadas. Esperaba ansioso ver cómo volaba por primera vez. Sin embargo, debido a su ignorancia, había impedido que la restricción de la abertura del capullo cumpliera con su función natural: incentivar la lucha de la mariposa, de manera que los fluidos de su cuerpo nutrieran sus alas para fortalecerlas antes de salir al mundo y comenzar a volar».

Traigo este precioso texto de Séneca para reforzar uno de los mensajes subyacentes a lo largo de todo este libro: la resistencia al cambio es, en gran medida, lo que asegura el triunfo del proceso, pues incentiva la lucha. Sí, es verdad que en esa lucha caen inocentes y gran parte del bando bueno resulta herido y apartado, pero al final, si las cosas se hacen bien, salen bien, aunque le pese a muchos. Por tanto, no pensemos que tener resistencia, incluso bien organizada, dentro de la organización significará que fracasaremos; al revés, asegurará nuestra victoria, y una victoria mejor, más fuerte, más definitiva. Tan solo tenemos que vencer esa resistencia, ni siquiera eliminarla.

> «Aquello que no eres capaz de aceptar es
> la única causa de tu sufrimiento».
> Gerardo Schmedling

Es bien sabido que nuestra mente, la de todos sin excepción, que suele ser muy traicionera, se aferra al miedo, a la exigencia, al deseo y a las expectativas, muchas veces muy dañinas. Y cuando la realidad no se adapta a lo que nosotros esperamos, nos invade la frustración y pronto el sufrimiento. Esto es lo que les pasa a quienes se oponen visceralmente a asumir el proceso conveniente de transformación: tienen miedo. Y esto nos pasará también en momentos muy determinados a quienes tiremos y empujemos del carro durante un proceso de Transformación Digital. Seguro. Pero este sufrimiento, si lo soportamos y superamos, es bueno porque constituye el resultado de nuestras convicciones y tiene una clara función: derribar los muros de la ignorancia aumentando el nivel de consciencia de todos en la empresa. Hemos de aceptar que durante el trayecto deberemos esquivar baches y que en el momento en el que aceleremos sufriremos probablemente el efecto *porpoising* (efecto que experimentan los monoplazas de Fórmula 1 que les hace botar seriamente cuando alcanzan altas velocidades) por el que nuestras cabezas rebotarán de forma tan brusca como consecuencia de «los botes» que dará la compañía, y que estaremos tentados a levantar el pie del acelerador, como han hecho otros muchos para suavizar una acción que conlleva peligro por la dificultad que entraña pilotar en esas circunstancias. Pero no debemos hacerlo, sino aceptar ese sufrimiento porque estamos ante una gran oportunidad de aprender y evolucionar. Pero sin miedo, pues no hay metamorfosis sin sufrimiento, como no hay parto sin dolor.

Porque el sufrimiento nos enseña que, aunque a veces no podemos controlar nuestras circunstancias, sí controlamos, o al menos podemos controlar, la actitud que tomamos ante ellas. Ese sufrimiento nos ayudará en el fondo, si tenemos determinación, a superarnos a nosotros mismos, a eliminar nuestras propias resistencias. Y ahí es cuando llega el inicio de la transformación, es entonces cuando el cambio se convierte en algo inevitable.

Dejar de sufrir pasa por conocernos a nosotros mismos y aprender a ser protagonistas de nuestra vida en vez de víctimas de nuestros pensamientos. La clave está en comprender que, como en la historia de la mariposa, la adversidad tiene su función. Es precisamente la lucha por el éxito lo que lleva a él; precisamente por tener adversarios internos las organizaciones alcanzan niveles nunca antes visitados de excelencia en conceptualización, entrega, desarrollo, implantación, seguimiento y mejora continua de sus propuestas de valor a los usuarios, pues esa adversidad estimula la creatividad, el trabajo y la concentración. Y además es una circunstancia que acelera los procesos de transformación en cualquier empresa, pues los que la pelean saben que esta batalla se gana a partir de la entrega temprana y la medición de resultados. Y es bueno que ganen los buenos; lo que pasa… es que no siempre ocurre. Las estadísticas nos dicen que solo en el 30 % de las ocasiones lo hacen.

3. Algunas reflexiones adicionales

La revolución silenciosa funciona

Son muchas las ocasiones en las que las compañías no son conscientes de que se están transformando; incluso algunos directivos piensan que solamente se están adaptando a los cambios del entorno y poniendo en marcha sus planes estratégicos. Y, si bien existen grandes diferencias entre una transformación y la implementación de un plan estratégico (aunque este último esté enfocado al cambio), muchas veces la primera viene en forma de revolución silenciosa. Y es precisamente en muchas de estas ocasiones cuando, de repente, es imparable.

Esta fue la estrategia planificada entre el CEO y el director general de Transformación Digital de una de las últimas compañías para las que trabajé. De hecho, ni siquiera la posición del segundo hacía expresa referencia, en un principio, al término *transformación*. Conscientes ambos del altísimo nivel de resistencia que iban a encontrar desde todos los flancos del comité ejecutivo, decidieron comenzar a enfocar desde el área de innovación un cambio en la manera de trabajar que permitiera, con nuevas herramientas, diseñar y poner en producción soluciones digitales de manera rápida y validada por los consumidores finales, sus destinatarios. De cero a cien en noventa días. Aquello no fue confrontado frontalmente por nadie en el comité ejecutivo, pues solo eran «los de innovación» trabajando de otra manera, y eso no podía ser confrontado. Pues por ahí empezó todo, y este proceso se llevó a cabo, en silencio primero y a plena voz una vez sorteadas de manera inteligente —y convenientemente callada— las muchas barreras que se iban levantando, casi todas demasiado tarde.

Comunicación inteligente y bien gobernada para lograr el triunfo

La principal causa del fracaso en buenos procesos de transformación bien diseñados y concebidos radica en no darle la suficiente importancia a la gestión y la ejecución de la comunicación en ellos. Quisiera reforzar el mensaje de que todas las personas clave de la compañía tienen que conocer qué se quiere hacer y por qué, sobre todo por qué. Hemos de identificar al equipo que dirigirá la transformación, seleccionar con cuidado los canales de comunicación, identificar a los líderes naturales que más influyen en ella y que acompañarán al CEO en esta labor y gestionar sus expectativas, que muy probablemente irán cambiando según vaya produciéndose el proceso. Esto podría parecer contradictorio respecto a la conveniencia de llevar a cabo una revolución silenciosa, pero es precisamente una comunicación inteligente la que irá graduando los mensajes hasta el momento en el que todos conozcan todo lo que tienen que conocer. Porque ser silencioso y ser mudo son dos cosas distintas.

Los adeptos llegan siempre después de las victorias. Cuéntalas bien

Una comunicación que refleje y lidere la necesaria estrategia de adopción concebida por los responsables de este proyecto de cambio debería centrarse en no adelantar acontecimientos, sino más bien, por el contrario, en ir dosificando a las audiencias seleccionadas la entrega de mensajes adecuados que reflejen lo que está sucediendo, pero una vez que ha sucedido. Estos son hitos exitosos alcanzados a partir de los cambios que se van introduciendo en las maneras de trabajar, organizarse y gobernar la nave.

No te comas mucho la cabeza. Emprende el viaje. Ya

La conciencia de la necesidad de transformarnos llega triste y normalmente tras constatar la empresa que existe una recesión, que estamos en problemas, que las cosas no salen, y después de verificar que con los modelos tradicionales de gestión no hay garantía de superar las dificultades de la compañía y que sin un cambio no se puede avanzar hacia la salida que necesitamos. Ese es el momento referido de la desesperación, y por eso resulta importante que, una vez concienciada la alta dirección de la necesidad de acometer el proceso de transformación, se inicie. No es el momento de perder el tiempo en llevar a cabo una planificación estratégica con todo el detalle de cómo hacerlo, aportando argumentos, datos y hechos de por qué es mejor transformarse que no hacerlo y bla, bla, bla; será suficiente con cuantificar y demostrar que los riesgos de la transformación son menores que los de no hacer nada. Y eso no es muy difícil.

Si todavía dudas de la conveniencia de plantearte el proceso, piensa en tus respuestas si hace diez años te hubieran preguntado si harías caso a un mapa interactivo en tu coche o a compartir ese coche con un extraño del que no sabías ni cómo conducía, si irías al médico a través de un *facetime* en tu móvil o si dormirías en casa de un desconocido al que le pagarías por adelantado. Pues hoy son prácticas normales promovidas por organizaciones que, si no lo hubieran hecho, seguramente habrían desaparecido, o por otras que nacieron y crecieron precisamente para satisfacer esas nuevas necesidades que iban surgiendo y que otras compañías más grandes y preparadas dejaron pasar porque renunciaron a emprender el viaje del cambio que lleva a la transformación. Las personas se enfocan tanto en el valor que otorgan estos servicios digitales, que sus expectativas han cambiado, y ahora lo impensable es no tenerlos disponibles.

La victoria tiene muchos padres, ¡eso es lo bueno!

Cuando el término *Transformación Digital* se utilizó por primera vez para describir la trayectoria de una empresa moderna, muchos consultores y especialistas de la industria descartaron su relevancia tildándola de mera nomenclatura o de una evolución de las prácticas de negocio de entonces —exactamente igual que cuando a mí me señalaban por los pasillos células llenas de colesterol riéndose a mandíbula batiente de mi discurso transformador—. Pero el tiempo ha demostrado que es real: los ejecutivos reconocen la gran necesidad de ofrecer al usuario final soluciones digitales relevantes que se conviertan en valor para el cliente, mejorar la comunicación y establecer líneas de mejora y colaboración continua.

Lo primero que cada CEO y cada ejecutivo debe preguntarse es cómo brindar valor a sus usuarios a través de un medio digital (sean aplicaciones móviles, herramientas en la nube o servicios basados en el ecosistema digital), pero es indispensable entender, diseñar y desarrollar esa capacidad digital para sobrevivir y prosperar. Aun así, si bien conformar servicios digitales resulta esencial, no basta para asegurar el éxito y la diferenciación a largo plazo; es importante también recordar que el proceso de Transformación Digital debe asegurar como resultado visible por parte de los usuarios y clientes de la empresa tres cosas: continuidad del negocio, agilidad en los servicios y visibilidad.

¿A qué me refiero con «continuidad del negocio»? Al hecho de asegurar que, cuando nuestro cliente o usuario final solicite la solución, esté disponible y presente de inmediato. Solo así podremos satisfacerlo en el micromomento en el que se encuentra. Y para poder hacerlo necesitamos dos cosas: alta disponibilidad en el diseño y desarrollo de las soluciones y disponibilidad de los negocios para impulsar el cambio. Seremos capaces de asegurar lo primero cuando podamos diseñar la solución para el usuario de tal manera que nada cause interrupción (el ya mencionado «de cero a cien en noventa días»); aseguremos por tanto que tenemos el equipo necesario y suficiente. Y seremos capaces de asegurar lo segundo cuando nos planteemos el diseño de la solución de forma que no se vea afectada por las acciones humanas accidentales o intencionales desde Negocio o desde cualquier otro lugar de la organización que pudieran afectarle. Porque claro que hay acciones intencionales contra la transformación, no lo dudes.

A esa continuidad debemos añadirle la agilidad en la entrega de las soluciones. Hemos de tener la seguridad de poder funcionar con una entrega de soluciones permanente, casi en *flow*. Esta agilidad en la entrega de esas soluciones no tiene que considerarse solamente desde la perspectiva de la posibilidad de iteración ante resultados que no nos gustan, algo obligatorio, sino también desde la posibilidad del manejo de pronunciados picos en la demanda de esas soluciones por parte de los clientes finales. Esto es muy importante porque afecta a la manera en la que debemos presupuestar los recursos económicos y humanos necesarios y en la que tenemos que organizar estos últimos y pone de manifiesto la necesidad de contemplar la mejora continua como fase integrante del proceso de Transformación Digital concebida y mantenida de manera permanente.

Si tenemos lo anterior, solo nos falta darle visibilidad. Por tanto, la última etapa de este proceso a ojos de nuestros clientes finales culmina cuando una compañía cuenta con una completa continuidad del negocio a través de la mejora continua y la iteración permanente y agilidad en el desarrollo de soluciones asegurada por la metodología y apoyada por la automatización y la coordinación y cuando avanza hacia la activación de un autoservicio completo a nivel de organización. Y esto solo pasa cuando el departamento de TI ya no desempeña el papel de soportar o habilitar activamente el servicio digital según sus propios criterios, sino que se vuelve totalmente transparente en dicha labor debido a que las decisiones se toman de forma transversal en equipos autónomos de los que TI forma parte y soportadas por validaciones y datos.

3

LO QUE ESCONDE UN PROCESO DE TRANSFORMACIÓN DIGITAL

En este punto me encuentro reflexionando sobre lo que más echo de menos en todo lo que he leído, aprendido y compartido contigo sobre lo que parece ser la Transformación Digital y me doy cuenta de que falta algo: la presencia, que debería ser abrumadora, de dos palabras olvidadas o que han aparecido muy poco entre la gran cantidad de información comentada hasta ahora durante el análisis contextual acerca del concepto y significado del término *Transformación Digital*.

1. Protagonista y propósito de la transformación

Si hay alguien que por encima de un CEO pueda marcar el norte hacia el que se debe dirigir la organización, ese es el usuario final, nuestro cliente o cliente potencial. Porque, ¿quién es el verdadero protagonista de la Transformación Digital? Solamente él. No lo son las organizaciones ni los expertos en la materia ni, contrariamente a lo que pudiera parecer, el CEO de la organización. Es él, el cliente o usuario, el verdadero artífice de esta —aún desconocida y por eso no llamada así— disrupción; es él, y su exigencia cada día creciente como resultado de su interacción frecuente en el ecosistema digital, quien siembra sin duda la semilla de la necesidad de la transformación y la disrupción digital en la empresa.

Entonces, ¿cuál debe ser el único propósito que han de cumplir las organizaciones a la hora de afrontar e iniciar el viaje de la Transformación Digital? Lo repetiré una vez más: generar en el usuario la mejor experiencia posible en todo momento, en cada interacción de cada micromomento, aprovechando las palancas que para ello nos ofrece el ecosistema digital. Que los usuarios nos amen por lo que hacemos, por cómo lo hacemos y, sobre todo, que amen el motivo por el que lo hacemos, el propósito que preside nuestras actuaciones. Eso es lo que nos llevará lejos: la determinación y el propósito de dejarnos guiar por ellos en lugar de pretender que ellos vengan a nosotros. Quien mejor entienda esto ganará.

Y aunque en un principio todos convienen en que así es, pocos son los que lo incluyen en su propia definición o en su concepto, en su propuesta de valor, porque al final las organizaciones tienen esa tendencia a pensar, y por tanto a actuar, de espaldas a quien da sentido a su existencia, a su cliente. Es ya un avance encontrar a quien ha decidido escucharle de forma activa, en serio y no como un postureo de cara a medios y redes sociales.

Ya se han puesto en marcha iniciativas que consiguen involucrar a toda la compañía en esa escucha activa al cliente, con resultados espectaculares en casi todos los casos. Yo tuve la fortuna de colaborar en el lanzamiento de una de esas iniciativas en una empresa del sector seguros en forma de aplicación digital de escucha activa, una plataforma a la que subíamos los audios de nuestros servicios de atención al cliente, en especial las llamadas a nuestros detractores, para intentar solucionar sus quejas o reclamaciones. De esta manera conseguíamos que toda la organización fuera consciente de cómo recibían nuestros usuarios nuestra propuesta de valor, dónde fallábamos y también dónde lo hacíamos bien, y además provocábamos que toda la empresa, del primero al último, pudiera participar en la propuesta de solución a lo que no funcionaba de manera directa, sin intermediación de ningún jefe. Escucho, reflexiono y propongo una acción. Así de fácil. Y varios equipos recogían esas propuestas para seleccionar las de mayor valor y llevarlas a cabo. Como tuve la oportunidad de decirle a toda la compañía en un momento determinado, esa aplicación se convirtió en un arma de transformación masiva.

2. Qué es la Transformación Digital

Creo que ha llegado el momento de hacer una propuesta, abierta y todo lo valiente que mi experiencia y el sentido común me permiten, sobre lo que es la Transformación Digital, así que escribo mi definición, la que después de mucho tiempo aún no he encontrado, forjada a lo largo de ya más de diez años de intenso trabajo en este campo.

¿A qué llamo yo *Transformación Digital*? Mi propuesta es la siguiente:

«La Transformación Digital es el proceso de adaptación de la organización a las nuevas necesidades del usuario en el ecosistema digital».

Y aquí podríamos finalizar la definición. Con 21 palabras tenemos más que de sobra. Sin embargo, con la finalidad de explicar en la propia definición su funcionamiento, su objetivo y su propósito y sus consecuencias, voy a añadir lo siguiente:

«[...] mediante el cual la primera reorganiza sus métodos de trabajo, estructuras y estrategias, digitaliza sus procesos e implanta de manera dinámica la tecnología necesaria con el único objetivo de optimizar la experiencia del segundo y la agradable consecuencia de preparar su modelo de negocio para el futuro mientras incrementa sus beneficios desde un principio».

Se trata de una visión que intenta ser muy sencilla de lo que es —y, por eliminación, de lo que no es— la Transformación Digital o, mejor dicho, el proceso de Transformación Digital. Y ahora la voy a diseccionar contigo para su mejor comprensión.

Lo primero, lo nuclear: es un «proceso de adaptación», necesario para todas y cada una de las organizaciones, sean del tamaño que sean y se dediquen a lo que se dediquen, enfocado a la generación de la suficiente capacidad de resolución y satisfacción temprana de las nuevas necesidades del nuevo usuario que nace del desarrollo del ecosistema digital y crece de manera exponencial en sus exigencias. Se trata de una adaptación apalancada de la misma manera en las nuevas oportunidades que nos brinda dicho ecosistema digital, de un proceso durante y mediante el cual las empresas reorganizan sus estrategias y métodos de trabajo, digitalizan sus procesos e implantan de forma dinámica la tecnología necesaria con el único objetivo de optimizar la experiencia del usuario y la agradable consecuencia de incrementar sus beneficios.

Según el DLE, *adaptar* es «acomodar, ajustar algo a una cosa» y, por tanto, cualquier organización debe ser consciente de que este proceso exige y comienza por hacer algunos ajustes que le permitan acomodar su propuesta de valor a esa cosa: los nuevos deseos, necesidades o expectativas del cliente o usuario final. Por consiguiente, no cabrá pretender hacer algo nuevo sin ajustar nada, reorganizar nada o cambiar nada, tanto al principio del proceso como en su pleno desarrollo. Esto de poner, por ejemplo, al frente de la transformación al que lleva las operaciones de una unidad de negocio porque es un tío muy moderno... pues como que no. Precisamos un motor de transformación capaz de provocar esa adaptación. Recuerda que necesitamos mentalidad y actitud, pero también, ante todo, conocimiento: hay que saber.

Y en este punto creo que debemos ser exigentes con nosotros mismos. La organización debe adaptarse a las nuevas necesidades de sus clientes en el ecosistema digital adoptándolas tal y como vienen. Se trata de adaptar mediante la adopción y no mediante la adaptación de lo que le viene bien o es capaz de hacer con poco esfuerzo y nulo efecto; no es cuestión de ver «qué me viene bien hacer o hasta dónde llego sin demasiado esfuerzo», sino de asumir el reto.

Adaptar adoptando y no adaptando. Esto, que puede parecer un galimatías y sonar a tontería corporativa, es para mí una máxima innegociable en cualquier proceso de transformación. Tenemos que tomar la realidad tal como es y reaccionar ante ella, ante los cambios que se producen de manera constante y cada vez a mayor velocidad, sin caer en el gravísimo error de comenzar a seleccionar los aspectos de dichos cambios que entendemos y desechar los que vemos fuera de nuestro alcance. Porque si lo hiciéramos así, actuando solamente en lo que se circunscribe a nuestra zona de confort, estaríamos abocando al fracaso nuestro pretendido proceso de Transformación Digital.

Se trata de un proceso de adaptación necesario para cualquier tipo de organización sin importar su tamaño o área de actividad, desde las metamultinacionales digitales hasta la panadería de la esquina, pasando por la farmacia del barrio y el club de golf. Y lo digo así porque he tenido la suerte de colaborar y trabajar en la transformación en todos esos formatos. Cada uno tiene su camino.

Lo segundo: es un proceso de adaptación «enfocado a la generación de la suficiente capacidad de satisfacción temprana de las necesidades del usuario». Este es por tanto el objetivo en sí, principal y, si me apuras, único: lograr dotar a la organización de la suficiente capacidad de satisfacción temprana y generar la mejor experiencia a sus clientes. Es claramente un objetivo interno alcanzar esa capacidad de satisfacer a nuestros clientes dentro de nuestra propia compañía, que conseguiremos precisamente a partir de la fijación de la satisfacción de nuestros usuarios como único KPI realmente inamovible. ¿Para qué necesitaríamos nada más?

Lo tercero: es la búsqueda de una satisfacción continua y constante de esas necesidades «a partir de las oportunidades que brinda el ecosistema digital». Se trata de un proceso en el que lo importante es aprovechar lo que hay en cada momento o, como decía un colaborador al que le tengo mucho cariño —y saludo desde aquí porque seguro que me está leyendo—, «lo que va habiendo». Estudiando los avances tecnológicos que van surgiendo a ritmo frenético y su adecuación a lo que los nuestros necesitan, pondremos la tecnología al servicio de su satisfacción.

Lo cuarto: el proceso de adaptación es uno «de reorganización de métodos de trabajo, estructuras y estrategias», pues no podremos alcanzar el último objetivo de la Transformación Digital si no cambiamos nuestra manera de trabajar para poder cumplir en plazo y forma con el exigente entorno que un ecosistema digital crea a su alrededor. Es un momento vital para la compañía en el que se acomete la digitalización de procesos desde el punto de vista de quien los sufre, el usuario, y no de quien los mantiene, el que sabe de esto en la empresa, y en el que se implanta de manera dinámica la tecnología necesaria, pero solo la necesaria (aunque esto resulta verdaderamente difícil y muchas veces se cae en la *cacharritis,* «enfermedad corporativa de carácter leve con tendencia a la cronicidad» a la que nos referiremos en capítulo aparte). Todo el mundo sabe a qué me refiero, a ese momento en el que el jefe aparece con unas gafas de realidad virtual y ordena a voz en grito por sexta vez al altavoz que le pida un café a cafetería mientras espera que su *smartwatch* le alerte de que ya es el tercer café de día, cosas ambas que son perfectamente ejecutadas por su asistente personal, física y de nombre Raquel, por ejemplo.

Y finalmente, pero no menos importante, es un proceso que tiene la agradable consecuencia para la organización de preparar su modelo de negocio para el futuro, que será híbrido, mucho más líquido, preparado para triunfar en el medio y en el largo plazo, mientras incrementa sus beneficios desde un principio, por lo que —como he mantenido siempre en diferentes foros— se trata de un proceso capaz de autofinanciarse primero y de generar después enormes resultados en muy poco tiempo. Es un proceso cuyo inicio solo tiene sentido cuando se fija como único objetivo la optimización constante de la experiencia de usuario. Así de simple, así de complejo.

¿Cuáles serán entonces los indicadores clave de un proceso de Transformación Digital y cuáles sus métricas?:

- La satisfacción de nuestro usuario o cliente y su métrica, el NPS.
- El nivel de digitalización de los procesos de la organización y su métrica, la digitalización de la base de clientes.
- La adecuada implantación de la tecnología necesaria, que mediremos a partir de la real virtualización de la relación entre el usuario o cliente y la organización.

Recuerdo que la primera vez que expuse esta definición de Transformación Digital al consejo de administración de una importante compañía portuguesa del sector de los servicios de salud el consejero delegado concluyó: «Pues parece sencillo». Y es que es sencillo, pero parece que se le olvida a la gente.

Si no se les hubiera olvidado, nos habríamos ahorrado episodios como el protagonizado por Carlos San Juan en febrero de 2022 —que no es precisamente la fecha de inicio de la ola de la Transformación Digital—, un pensionista español de 78 años que hizo campaña para que los bancos mantuvieran la atención al cliente en las sucursales bancarias con empleados de carne y hueso. Esto generó una ola de apoyo nacional —y cuidado, que una ola se lleva otra ola— contra la imposición de la informatización de los servicios bancarios y conllevó una reacción contra la banca *online* secundada no solo por mayores, sino también por sus familiares jóvenes, allegados y miles de simpatizantes comprensivos. Justo lo contrario de lo que debería haber pasado. Digitalizar determinados servicios libera recursos que precisamente deben y deberían haber sido dedicados a mejorar, y no a empeorar, la atención y la experiencia de usuario. Esto pasa cuando imponen sus criterios los que definen este proceso como algo que llevan a cabo las organizaciones para hacer más negocio o ganar más dinero, como ya vimos durante el análisis del contexto.

Pero debemos hacerlo precisamente al revés, porque si algo hay imprescindible para asegurar el éxito de la Transformación Digital, es tener muy en cuenta la necesidad de respetar la importancia del factor *Human to Human* (H2H) en la experiencia de nuestros usuarios. Porque aun cuando las organizaciones no tienen emociones, las personas sí, y son ellas quienes dan sentido a las empresas y les aportan humanidad. La gente quiere ser parte de algo más grande que ella misma. Si un cliente se siente feliz y satisfecho, no dudará en compartirlo con los demás, lo que ayudará a la compañía a crear lazos de fidelización con él mucho más allá del precio, por ejemplo.

Los usuarios quieren y necesitan sentir. Es difícil para algunas compañías transmitir emociones, pero deben enfocar su modo de actuar en intentar crear sentimientos positivos en los clientes y consumidores. Estos quieren ser incluidos, y les gustará formar parte de algo y poder opinar, compartir y aportar. La gente quiere entender, conocer todo sobre la organización, y exige transparencia. Si no la aprecia, desconfiará. Y para poder «sentir» muchos procesos, necesita a alguien de carne y hueso al otro lado. Si no entendemos esto, estamos perdidos.

Por tanto, ¿qué es lo más importante? No debería haber duda: que tu usuario te ame, no que te odie. Y eso me hace de nuevo compartir una de mis reflexiones más recurrentes: si lo más importante es que tu usuario te ame, ninguna organización puede discutir la adopción del diseño centrado en el ser humano (*Human Centered Design*) como herramienta básica para el diseño y desarrollo de sus propuestas de valor, y no es discutible tampoco la integración de tecnologías que permitan a la compañía una eficiente escucha activa a su usuario.

Veamos un ejemplo para ilustrar la importancia de la utilización de herramientas como la que propongo . ¿Sabes por qué en una misma calle te encuentras bares petados de gente mezclados con otros siempre vacíos? Es sencillo de explicar, y no es suerte. Los primeros, antes de inaugurar, han pensado en a quién quieren tener como cliente, lo han visualizado: chico o chica, normal, pijo o *cani,* adolescente, joven o maduro, conservador o progre, y han estudiado sus gustos, sus aficiones, la música que les apetece escuchar, a qué volumen, lo que comen y beben, a qué horas, su capacidad adquisitiva, todo. Y, basándose en ello, han elaborado un mapa de empatía y han diseñado y conceptualizado su negocio, que después han levantado e inaugurado, sin que estuviera todo acabado pero con lo que saben que será suficiente para satisfacer a sus *early adopters,* a quienes, por supuesto, han atraído de una manera inteligente y a partir de cuyas reacciones han ido día a día mejorando su oferta al escuchar permanentemente sus opiniones. Y les va bien. Les va muy bien.

Respecto a los segundos, simplemente han abierto el bar que les apetecía abrir a ellos y no han tenido «la suerte de coincidir». Además, piensan que los demás tiran los precios, no pagan impuestos o son de grandes grupos de inversión mientras suena de fondo el último disco de el Fary... que a mí me gusta, pero no es lo que más se lleva en la zona. En fin.

Concluyendo, lo que de verdad esconde este proceso es la obsesión por transitarlo hacia una única meta: mejorar la experiencia de nuestros clientes y usuarios. Es esa nuestra obligación, la de cualquier afortunado con las habilidades suficientes para convertir el ecosistema o espacio digital en fuente inagotable de riqueza y bienestar para el usuario. De hecho, y además, la Transformación Digital es un proceso de verdadera generación de sostenibilidad, pues convierte en sostenibles situaciones que hasta su digitalización pasan por lo contrario, como desarrollaré en uno de los últimos capítulos. Cualquier desviación es fruto de la avaricia del hombre y nada tiene que ver con lo digital.

Pero todo esto no va a pasar de repente, como por arte de magia. Para poner en marcha los mecanismos que te permitirán culminar con éxito tu proceso de transformación, primero deberás sentar unas bases. Repito, antes de empezar. O al menos a la vez.

3. Bases para intentar tener éxito

Una vez conformes con el sentido, las condiciones y el único destino de nuestro viaje, nos disponemos a preparar la maleta. Y hay tres cosas importantes que meter en ella, y en el orden propuesto, antes de iniciar este apasionante viaje y que, además, reflejan el estrecho vínculo entre la Transformación Digital, la agilidad y el agilismo:

- Capacidad de adaptación de las formas de trabajar y de pensar para generar soluciones con mayor rapidez, calidad y personalización y permanente iteración. Agilidad. Si no lo haces, estás muerto en el ecosistema digital. Si no lo tienes, no olvides comprarlo antes de salir. Ficha. Y mueve ficha. Un experto en agilismo será de incalculable valor para conseguir lo que buscas.
- Intención firme e indiscutible dentro de la organización de caminar hacia la adopción de una nueva cultura a partir del cambio en la forma de pensar de los elementos de la misma. Este cambio viene provocado y facilitado por el diferente modo de trabajar implementado en la organización. Nada de charlas motivacionales o clases magistrales; no mandes a tu gente a un curso de Transformación Digital, pues te aseguro que es suficiente —y lo más adecuado— con cambiar la manera de trabajar y adoptar un modelo ágil que te permita vivir y crecer en el ecosistema digital.
- Implementación de los cambios necesarios en la organización. Si no cambias nada ni a nadie, no esperes resultado alguno. Bueno, igual consigues algún efecto cosmético, pero lejos de provocar el más mínimo grado de transformación. No se genera innovación desde plataformas de pensamiento obsoletas. Esto es algo que aprendí muy lejos de los libros o de las compañías en las que

(o para las que) he tenido el privilegio de trabajar: en el campo de prácticas de mi club de golf con mi profesor de entonces. Yo me quejaba de que no progresaba todo lo bien que quería, especialmente con el *driver*. Como muchos, vaya. Y entonces me dijo: «El problema es tu *swing,* porque es bueno para llegar donde has llegado, no está nada mal, pero no te vale para dar el siguiente paso. Si quieres pegar la bola más lejos más recta, tienes que cambiar la forma en la que subes y bajas el palo y la forma de colocarte y de moverte a lo largo del *swing*. Y tienes que comprarte un *driver* nuevo, cambiar la bola que estás jugando y cambiar el modo en el que afrontas cada vuelta de golf». Y me di cuenta: si quieres que las cosas pasen de otra manera, trabájalas de otra manera, y acompaña ese cambio con otros complementarios que refuercen el efecto y te ayuden a alcanzar los nuevos objetivos de manera más rápida.

Para poder implantar los cambios necesarios en la organización, decíamos: nuevas metodologías, nuevas herramientas; nuevo pensamiento, nuevos objetivos. ¿Y qué cambios necesarios son estos?

En primer lugar, el cambio del modelo de relación con tus usuarios. Provoca una relación más digital. Cuidado, recuerda que *más* no significa «solo». Hazlo para incrementar en tu usuario la percepción de valor recibido de tu organización y provocar así un mayor grado de fidelización por su parte y una mayor recurrencia en su relación con tu compañía o marca. Aquí radica una de las claves para que esto salga bien, y no es baladí. En mi experiencia es irrenunciable para poder conseguir afrontarlo y aceptar la importancia de cambiar la forma de trabajar, y no habrá Transformación Digital si antes no provocamos este cambio.

La razón es bastante sencilla: las maneras, los ritmos, los usos, incluso las exigencias que precisamente los provocan, deben asumir y reconocer la necesidad de hacer las cosas con visión digital, y esto significa que más vale llegar antes, llegar bien y nunca tarde para poder disfrutar de la fiesta. De nada te servirá invertir tiempo y dinero en ser el más guapo de la fiesta si arreglarte y llegar te cuesta tanto tiempo que llegas de los últimos. Todo el pescado estará vendido y te quedarás a dos velas con tu precioso traje de Armani. Por eso debes implementar el agilismo y trabajar con agilidad.

Porque no valen las falsas apariencias, esas que se dan en compañías en las que los mismos de siempre se visten de digitales, o de «falsos *millenials*», y diseñan y ejecutan un proceso de transformación que empieza y acaba en el mismo sitio, es decir, en ninguno, y que siguen trabajando bajo el mismo modelo organizacional, creyentes de sus propias mentiras. Porque donde manda el usuario no hay comités, sino validaciones. Cambia absolutamente el modelo de aprobaciones. No hay semáforos, hay mediciones. No hay PMO, hay Productos Mínimos Viables (PMV).

Esa nueva manera de trabajar dentro del ecosistema digital debe ser ágil. Más una filosofía que una herramienta, *ágil* es sin duda uno de los términos más prostituidos por su frecuentemente inadecuado uso. Se ha utilizado para defender, por parte de quienes lo atacan, que ágil es hacer las cosas deprisa y mal en una normalmente malintencionada interpretación de una de las máximas en ágil: «falla rápido» *(fail fast),* que nada tiene que ver con la despreocupación por las cosas bien hechas y que pone el acento en destruir ese vacío empeño de muchas organizaciones de buscar la perfección dentro de casa cuando las respuestas, simplemente, están fuera, en la calle. Así que prototipa con esmero y haciendo las cosas bien, pero sabiendo que, cuanto antes pruebes, antes tendrás pistas para corregir y mejorar tu propuesta.

Pensar lo contrario sería lo mismo que asumir que, cuando una escudería pone a prueba un prototipo de Fórmula 1, las cosas se han hecho deprisa y mal. Por supuesto que se han hecho todo lo deprisa que se ha podido para tener cuanto antes un prototipo que empiece a dar pistas reales y validaciones continuas sobre si se va o no por el buen camino. Ese prototipo es cien por cien técnicamente viable y seguro, pone a prueba toda la funcionalidad que está desarrollada al completo, ha superado todos los test de usabilidad posibles e incluso el piloto ha puesto a prueba con anterioridad el diseño y el confort del bólido, pero no es el producto final perfecto; es el PMV menos imperfecto. Todos lo saben, igual que saben que después de cada carrera se van a introducir mejoras en función de las mediciones obtenidas y de los cambios en virtud de dónde se celebre la siguiente prueba. Pensar que va a ser el consejero delegado de cualquiera de las escuderías quien apruebe la puesta en pista de cualquier monoplaza es una locura. Para eso hay · un ingeniero jefe. ¿Por qué no lo es en cualquier otra organización?

Se ha utilizado también el concepto de agilidad para intentar justificar la ausencia de cualquier planificación a la hora de desarrollar una solución para el cliente. No es infrecuente escuchar que «estamos trabajando en un entorno de incertidumbre en el que planificar y marcar objetivos no tiene sentido; hacemos cosas, probamos y vamos viendo y, si tenemos buenas respuestas, proyectamos un plan». Esto es lo mismo que admitir que ágil sirve para hacer experimentos, y nada más lejos de la realidad. Y nada más perjudicial para el agilismo, porque todos sabemos que los experimentos se hacen con gaseosa, y aceptar, por tanto, este tipo de planteamientos convierte inmediatamente esta filosofía en tal gaseosa.

Trabajar en ágil es trabajar mejor. Y hacerlo así tendrá sentido si utilizamos las mejores herramientas que nos permitan efectivamente hacer las cosas bien, rápido, de manera eficiente y, además y sobre todo, con resultados que nuestros usuarios amen.

Y también deberemos engrasar esas herramientas periódicamente a partir de la escucha activa a los usuarios receptores de nuestras propuestas de valor. Y si, a partir de ella ponemos al cliente no ya en el centro de la organización —no conozco compañía que no se jacte de tener al cliente en el centro, pero ¿en el centro de qué?— sino dentro de ella, como parte integrante de los procesos de diseño de soluciones y toma de decisiones de la compañía, habremos dado un paso de gigante hacia el cumplimiento del máximo objetivo perseguido por cualquier proceso de Transformación Digital.

¿Y cómo se hace eso? Pues es mucho más fácil de lo que parece, y solo cuestión de proponérselo. Por ejemplo, nos lo planteamos en un momento determinado en el equipo en el que nos habían dado la posibilidad y la responsabilidad de mejorar el modelo de relación de una organización con sus mejores clientes corporativos. Lo primero que planteamos fue poder contar con los directores de RR. HH. de los mejores clientes para trabajar juntos en dicha solución. Después de algunas batallas internas, conseguimos el permiso de los responsables del área «dueña de dichos clientes» —siento si suena a aberración, pero así eran las cosas en aquel momento en esa compañía— y nos pusimos manos a la obra.

Lograr que se apuntaran al proyecto para ser cocreadores de lo que ellos después iban a utilizar fue facilísimo, y conseguir su plena involucración en las cinco sesiones conjuntas que tuvimos, todavía más, aparte de alcanzar su satisfacción no ya solo con la experiencia, sino con el resultado del trabajo, algo que vino rodado. Lo demás resultó en el incremento del NPS en cada uno de los que había participado y también en el resto del parque de clientes afectados por la solución, el aumento de la rentabilidad por cliente y la drástica reducción de la tasa de abandono en este colectivo, algo que hasta ese momento había sido un verdadero quebradero de cabeza de la organización.

Si cambiamos el modelo de relación —porque no nos queda otra— y para facilitar la nueva relación modificamos la forma de trabajar, tenemos ya mucho ganado, pero cuidado, hemos de seguir y ampliar nuestro cambio; debemos darle la vuelta a nuestro modelo organizacional, a la manera en la que la compañía está diseñada y dispuesta, pues seguramente lo esté para funcionar y hacerlo muy bien a la antigua usanza. Si no lo hacemos, si no modificamos los patrones organizativos que hemos mantenido hasta ese momento, no nos saldrá bien. Y esto no es nada fácil de hacer, toca mucho a mucha gente. Pero no nos podemos enfrentar a este reto transformacional desde estructuras monolíticas, sólidas, «siloformes», en las que las cajas mandan y las jerarquías imponen su criterio. Y no podemos porque simplemente el que manda es el usuario; ya no esperamos la aprobación del famoso comité de turno en el que muere el 90 % de la iniciativa de cualquier empresa. Ni la necesitamos ni nos conviene.

Necesitaremos estructuras más flexibles para ser más productivos, ágiles y adaptables a los cambios continuos en las necesidades de nuestros usuarios. No hay otra. Tenemos que organizarnos de un modo más colaborativo, por proyectos y en equipos multidisciplinares alrededor de las necesidades de los usuarios. En ágil. Sin silos.

Es este un buen momento para recordar aquello que desarrollaba en la introducción de que *Transformación* se escribe con T de Tecnología. Es básico para intentar conseguir el éxito, por tanto, insistir en la necesidad de las áreas de IT de abrirse al cambio necesario.

Que no nos hagan elegir entre el *run* o el *change*. Es posible hacer ambos a la vez, y los responsables del área de tecnología y sistemas de la organización deberán asumir, desde ya, que hay que hacer el *change* para poder mantener el *run* y que, por tanto, tienen una enorme responsabilidad a la hora de hacer triunfar, o fracasar, el tan necesitado por su organización proceso de Transformación Digital.

Recuerda también que *Transformación* se escribe con T de Talento. Tenemos que ser capaces de atraer, hacer crecer y retener el talento dentro de la empresa. Esto es algo a lo que tendremos que dedicar tiempo, esfuerzo y recursos suficientes.

Y no olvides que *Transformación* se escribe con T de Terceros. Cualquier organización que pretenda triunfar en este proceso deberá aceptar la necesidad, no la simple conveniencia, de apoyarse siempre en terceros especialistas en cada uno de los aspectos clave de la Transformación Digital.

Por último, tengamos siempre presente de la misma manera, con naturalidad, que *Transformación* se escribe con D de Digital. Aceptemos de este modo la relevancia de acometer la digitalización de soluciones y propuestas de valor, y de manera encadenada la de los procesos que soportan las operaciones que activan dichas soluciones.

Estas son las bases, y te llevarán a un cambio cultural a partir de la adopción de estas modificaciones por parte de los empleados de la compañía, quienes al empezar a trabajar de manera diferente comenzarán a darse cuenta de las ventajas de hacerlo, lo que les llevará a pensar, y de ese pensar surgirán un nuevo actuar, un nuevo comportamiento y una predisposición, una nueva cultura. No organices charlas; pon tus equipos a trabajar de forma diferente.

4. Qué es lo siguiente

Ahora imagínate que estás jugando al béisbol. Tienes las bases puestas y ganadas. Toca salir con tu mejor equipo a apuntar todas las entradas posibles en tu casillero.

¿Qué hacer primero? Si eres el CEO de la compañía, debes hablar con tu CIO (si no lo eres, has de hablar con tu CEO para que hable con tu CIO) y decirle que tiene que abrirse al cambio necesario. La apertura mental se traducirá en asumir cambios en la manera de hacer las cosas. Te dirá: «Seguro», se dará la vuelta y apuntará en su tableta: «Transformación Digital, gestionar al jefe». No lo hará a mala idea, simplemente pensará que te estás equivocando; de hecho, si tiene mucha confianza contigo, te lo dirá.

Por eso le debes pedir un plan, y será genial que en cada uno de tus comités ejecutivos o de dirección tenga que exponer el avance conseguido en apoyo y coordinación con el resto de áreas de la organización. Y que no se te ocurra darle la responsabilidad del proceso de transformación. No lo logrará, si lo intenta, y la mayor parte de las veces ni siquiera lo intentará.

Recuerdo cada vez que hablo de esto lo que un día me dijo un buen amigo al comentarle cómo quería gestionar un problema surgido mientras reorganizábamos un proceso determinado en una compañía precisamente del área de tecnología: «¿Sabes qué? —me espetó de repente—, casi mejor le echas y te traes a otro que no tenga que desaprender. Hazme caso. Así te evitarás la discusión». Esa discusión se centraba en si el cambio por el que abogan quienes son responsables de la transformación pone en peligro la excelencia de los sistemas transaccionales (que precisamente hace peligrar la necesaria apertura de los sistemas a un nuevo mundo relacional en el que facturar mucho está bien pero ya no es suficiente). No le hice caso a mi amigo, pero en muchas ocasiones he pensado que no le faltaba razón.

Cuando hables con el CIO, que no te haga elegir entre el *run* o el *change*. Es una trampa. Se puede hacer a la vez: de hecho, mejoramos nuestros sistemas una vez superadas las barreras (mentales y tecnológicas) aparentemente insalvables por la existencia de diferentes sistemas de gestión en distintas unidades de negocio y diferentes áreas transversales *(cross)* que no se hablaban entre sí. Aunque esto no es fácil, merece la pena intentarlo desde un principio.

Me viene a la memoria aquel desayuno con un CEO al que asistían los recién incorporados a la compañía de forma periódica. Aunque yo llevaba meses allí como *coach* para su Transformación Digital, fui invitado y acudí encantado. Muy listo aquel CEO: preguntaba uno por uno a todos los asistentes qué era lo que más le había llamado la atención en su proceso de integración en la organización *(onboarding)*. Cuando me tocó a mí, intenté escabullirme, pero no pude sino poner de relieve que, aunque yo pensaba que quien dirigía el destino de la compañía era él, había descubierto en muy poco tiempo que no era así, sino que la organización se regía por los mandatos de un tal señor 2R1V0 (nombre del sistema de gestión de la compañía), que tenía el *no* muy fácil y muy pocas ganas de que las cosas cambiaran. Ni que decir tiene que puse en guardia el máximo nivel de resistencia posible, que era precisamente lo que quería hacer: dejar al descubierto esa barrera transformacional que normalmente permanece oculta. Y lo mejor es que cada uno y todos nos quitemos la careta, o la mascarilla, nada más entrar a un proceso de estas características.

Una vez solucionado, o al menos levantado el tema con tu CIO, activa el equipo de RR. HH. sea cual sea el que tengas. Para conseguir culminar con éxito tu proceso de transformación, será absolutamente imprescindible atraer, hacer crecer y retener el Talento (con T mayúscula) dentro de la organización. No quiero decir con ello que este proceso deba liderarlo el área de RR. HH.; más bien al contrario en un primer momento, pero forma parte del plan, sin duda, desde un principio. Sin liderarlo. Este es precisamente uno de los errores típicos en transformación: pensar que debe ser el área de RR. HH. la que lidere, organice y ejecute el proceso.

Esto provoca normalmente desasosiego en las compañías. El CEO sabe que quiere, no sabe si puede, pero sabe que querer casi siempre es poder; pero en este caso además hay que saber, y tampoco sabe muy bien cómo hacerlo o a quién encargar el asunto. Como acabamos de mencionar, el CIO no es una opción, y RR. HH. tampoco. Es en este momento —siguiendo con el ejemplo del béisbol— cuando salimos «a batear». Sin miedo. Tráete a una persona nueva, de fuera, no condicionada por haber participado en la generación del *legacy* existente (ese impacto duradero de las decisiones tomadas y acciones desarrolladas en el pasado que es como una mancha que no se quita ni con aguarrás y condiciona el presente y pasado de la organización), libre, con conocimientos sólidos sobre cómo trabajar mejor en el ecosistema digital, fuerte en *Agile* y *Lean Startup,* con mucho sentido común y de perfil más humanista que tecnólogo. Es quien transformará tu compañía.

Solo así podrás iniciar este proceso dentro de un entorno relativamente pacífico ya que, como lo lleva «el nuevo» y además el jefe lo apoya, habrás generado el suficiente tiempo muerto para montar esa transformación hasta tal punto que, como nos pasaba a nosotros muchas veces, te salga del alma un «esto no lo para ni Dios».

Entonces, pero no antes, el área de RR. HH. se convertirá en esa función activa de la que hablábamos hace un momento, que es como la que tiene un aspersor en el proceso de riego. Para regar necesitamos a alguien que asegure que tenemos agua, requerimos tener acceso a esa agua. Después debemos medir y analizar bien el tipo de jardín en el que nos hemos metido —nunca mejor dicho— para decidir cuál será el largo de la manguera que tendremos que utilizar con el fin de poder llegar a cada rincón del jardín sin tener que perder presión en el proceso de riego. Deberemos entonces encontrar una toma de agua que nos permita con la manguera que tenemos llegar efectivamente a todos los lados, y como eso es normalmente complicado, acudiremos al recurso del aspersor. Regaremos a partir del empuje de ese aparato de RR. HH. que nos permitirá hacer de difusor para llegar a todos los rincones de la organización.

Lo que resulta realmente clave, sin duda, es entender el papel del área —RR. HH.— en el empuje y la cristalización del proceso a partir del descubrimiento y desarrollo del talento residente en la compañía. No habrá éxito sin trabajar, preparar y afrontar un absolutamente necesario proceso de reeducación y formación de todos los elementos de la empresa. Y cuando digo *todos,* quiero decir *todos,* sin excepción.

Traigo de nuevo aquí ahora el estudio de IEBS «Adaptación digital 2022», que consultó a principios de 2022 a 1500 profesionales españoles y concluyó que la digitalización trae consigo una nueva forma de concebir las relaciones laborales menos presencial y más flexible, lo que requiere una inversión en la mejora de la calidad de la educación española a todos los niveles. Esto era motivo de inquietud para los consultados, quienes eran conscientes del cambio. En este sentido, el 93.5 % creía que su puesto de trabajo evolucionaría en los próximos tres años y solo el 6.5 % restante consideraba que se mantendría en la misma línea. Concretamente, el 55 % pensaba que sería totalmente diferente a su puesto actual y el 38.5 % que solo sufriría «cambios». De hecho, añadía el estudio, la formación estaba cobrando relevancia: el 80.4 % de los profesionales encuestados habían necesitado formarse para satisfacer las demandas digitales de su puesto de trabajo en los últimos meses. Además, consideraban que era fundamental para crecer profesionalmente y aseguraban que volverían a hacerlo.

Formación. Formación experiencial. Formación continua. ¿Cómo preparar y afrontar el necesario desarrollo de nuevas habilidades en la organización? ¿Y cómo desarrollar programas adecuados de formación a partir del concepto «aprendemos haciendo»? Son dos de las claves en las que deberás concentrar esfuerzos.

De nuevo en este punto quiero defender el rol concreto del área responsable de las personas de cualquier compañía en un proceso de Transformación Digital. Aunque no quieran —porque a veces no quieren—, más bien lo que pasa es que no lo entienden bien y no están del todo seguras del éxito, y esto asusta a cualquiera. Pero son fundamentales para que el cambio llegue y cale en la empresa, para formar a la gente y posibilitar que se trabaje de otra forma, para proponer un nuevo diseño organizacional, nuevas vías de evaluación del desempeño y retribución y una diferente y muy potente gestión del cambio en la compañía. Pero repito, no desde el liderazgo.

Recuerdo bien al responsable de RR. HH. de una de las compañías más importantes de nuestro país diciéndome: «El CEO se ha debido de equivocar porque me ha encargado a mí que apoye y dé soporte a este tema, y yo no tengo ni idea y creo que esto es más de la PMO, pero en fin, ya me vais contando. Eso sí, no hagáis mucho ruido con esto en la organización». Con el paso del tiempo y el transcurso del proyecto, esta misma persona se fue dando cuenta tanto del error de ceder a la PMO la responsabilidad del proyecto como de la importancia de su área y de la necesidad de ser desde ahí desde donde empujar o propulsar dando apoyo y soporte —no liderando— el proceso de transformación.

Pero volvamos a nuestro discurso: has hablado con tu CIO, te has traído a un responsable de fuera que está empujando y tiene un equipito que poco a poco se va conformando, has activado a RR. HH. y estás decidido a formar a tu gente. Genial, vas bien. Ahora apóyate siempre en terceros especialistas en cada uno de los aspectos clave que encierra un proceso de Transformación Digital. No creas que este es un viaje para emprender y culminar por ti mismo y con los tuyos de toda la vida porque no llegarás ni a empezar.

Los españoles tenemos en este sentido un problema, quizás congénito: nos parece que pedir consejo a la hora de iniciar etapas nuevas es un signo de debilidad. No nos gusta preguntar, reconocer que no sabemos; no somos muy del club «de los que saben que no saben», sino más bien al contrario, del «de los que no saben que no saben». Y esto es muy malo.

Creo que no me equivoco cuando pienso que el éxito de los navegadores en nuestro país tiene mucho que ver con este asunto. Porque tienes a «alguien» que te guía pero no te discute y del que puedes pasar olímpicamente —«Se equivoca todo el rato; yo voy a ir por otro lado»— porque recalcula la ruta y te vuelve a ofrecer la mejor alternativa —de la que casi seguro también pasarás, claro—. Y, si no te gusta, lo apagas. Además, siempre lo puedes apagar un poco antes de llegar porque así, en el fondo, eres «tú mismo» quien llega.

Pero la transformación no es un camino fácil, está repleto de vericuetos, además de ser largo y exigente. Y como cuando comenzamos el viaje no tenemos muy claro dónde acaba todo esto, muchas veces nos entrarán ganas de dar por finalizado el viaje en cualquier meta volante o mojón, asumiendo el éxito parcial de haber llegado hasta un punto en el que al menos hemos conseguido generar discurso (su importancia conlleva como amenaza que, cuando ya lo tenemos, se nos olvide la importancia de que las cosas pasen según ese mismo discurso y nos quedemos en mero postureo transformacional). Cuando te pase eso, que te pasará, acuérdate de lo importante que es dejarse guiar, solicitar consejo y entrenar; entrenar mucho y bajo la supervisión de especialistas. Como el que va al gimnasio. Ficha a un *coach,* a alguien independiente que mantenga su criterio por encima de quien le ha contratado, precisamente porque para eso le ha contratado; alguien cuyo ingreso no dependa de los resultados financieros del año en curso, sino de los avances en los indicadores estratégicos de todo el proceso de Transformación Digital mencionados; a alguien que te toque las narices sin temor porque eso te generará muchísimo valor.

Y, de cara a conseguir la «última entrada», afronta la necesaria digitalización de tu propuesta de valor, que debe integrar e integrarse en el proceso no como único elemento, quizás ni siquiera como el más importante, pero sí como su catalizador.

Has de asumir que debes digitalizar tus soluciones si quieres generar la mejor experiencia posible en tus clientes y usuarios, pero la Transformación Digital ni empieza ni acaba aquí. No podemos digitalizar lo analógico tal cual y pensar que ya nos hemos transformado. Tendrás que digitalizar de la misma manera, de forma encadenada, los procesos ligados a dichas soluciones, que soportan las operaciones que las activan. Pero lo deberás hacer con visión de usuario tras un rediseño previo de dichos procesos adaptado a las exigencias del ecosistema digital. Hablaremos más detalladamente de esto un poco más adelante.

5. Preguntas y respuestas necesarias

Toca ahora empezar a hacernos algunas preguntas necesarias. Así como cuando planeamos ir a algún sitio planificamos con detalle la ruta, el tiempo que nos llevará, con quién ir (quién es la mejor compañía), el coste y los hitos que queremos cumplir (sitios que visitar, restaurantes en los que comer, etc.), la Transformación Digital requiere una mínima pero meditada planificación o al menos el pensamiento necesario, quizás con una diferencia, porque no sabemos adónde nos llevará exactamente el viaje, pero sí que será un destino diferente, necesario, conveniente e irrenunciable. Por eso en este caso el dónde o el qué conseguiremos vuelve a ser lo menos importante.

Embarcarnos en este proceso supone iniciar una aventura que sabemos que dará como resultado ser distintos, mejores, más queridos y mejor valorados; por tanto, no nos debe importar dónde estaremos al final del viaje exactamente o si el viaje que ahora iniciamos tendrá en sí un final como hasta ahora lo entendemos, pues en la mayoría de las ocasiones no es así.

Se trata de un viaje que sabemos que tenemos que hacer, que queremos hacer y que nos sentará bien. ¿Quién no ha estado en esa situación en algún momento? Por eso planificaremos la sorpresa, incorporando a dicha planificación una actitud *if... then* (si... entonces), como dicen los estadounidenses: «Si llegamos a A, haremos esto, pero si nos desviamos y llegamos a B, haremos esto otro». «Y, si llegamos a A, este será el plan, que, en virtud de lo que aprendamos, podrá cambiar y empujarnos a C o D».

Asumir el cambio por encima de su resultado, disfrutar del viaje independientemente del destino; esto es lo verdaderamente complicado en muchas compañías que llevan tiempo inútilmente invertido en predecir dónde estarán en lugar de ponerse en marcha. Ponerse en marcha: esa es la cuestión.

¿Para quién nos transformamos?

La primera pregunta que nos debemos hacer para esa puesta en marcha es: ¿para quién nos transformamos? Será mucho más importante que ¿qué queremos conseguir? o ¿adónde queremos llegar? Igual que la larva no sabe que será mariposa, no nos debe obsesionar fijar un destino concreto. Llegaremos adonde nuestros clientes y usuarios nos lleven, pues ellos son los verdaderos protagonistas de la transformación.

Hemos de transformarnos para nuestro usuario final y de su mano con el fin de generarle la mejor experiencia posible en todos y cada uno de los micromomentos en los que nos necesita y llama, y así conseguir provocar en él el sentimiento de orgullo de pertenencia a nuestro mundo, a nuestra comunidad, a nuestra organización.

De ahí que resulte esencial saber «con nombres y apellidos» quiénes son aquellos para los que trabajamos; dónde viven y con quién; qué piensan, sienten, dicen y padecen, y qué hacen y por qué. Para conseguirlo, es genial aprender y aplicar dos herramientas fáciles —no todo lo bueno es tan complicado—: *Lean Startup Canvas* y sobre todo la fase *Persona Definition/Discovery* del diseño centrado en el ser humano (*Human Centered Design*). Debes tener ambas siempre a mano como herramientas básicas para iniciar un buen proceso de Transformación Digital. Encontrarás algunos detalles en el último capítulo.

¿Cómo sabré si lo estoy haciendo bien?

La segunda pregunta es: ¿cómo sabré si lo estoy haciendo bien? Solo si en nuestra transformación logramos arrastrar la voluntad y el amor de nuestros clientes y usuarios, habremos alcanzado el objetivo. De ahí que sea el NPS el indicador clave, si no el único relevante, a la hora de determinar la calidad del proceso.

El NPS marca el verdadero estado de salud de una compañía, mucho más allá de los propios resultados financieros, pues estos últimos pueden responder a cualquier acción ejecutada con miras cortoplacistas y tapar la existencia del verdadero cáncer empresarial, el abandono por parte de clientes y usuarios de la propuesta de valor que hace la compañía. Este indicador permite conocer no solo cómo lo estás haciendo, sino también qué será de ti en los próximos ejercicios. Así, lograr combinar crecimientos financieros con crecimientos en el índice de probabilidad de recomendación por parte de tus usuarios —eso es el NPS— es clave y señal de un proceso de transformación bien planeado y ejecutado.

¿Es por tanto lo más importante incrementar el NPS? Sí. Sin duda. Como acabo de mencionar, podemos estar obteniendo unos buenos resultados financieros a costa de muchas otras cosas, incluso de nuestra reputación entre nuestros clientes, pero es pan para hoy. Por eso el grado de probabilidad con el que nos recomendarían nuestros usuarios nos marca un horizonte real en cuanto a la previsible evolución de captación o tasa de abandono *(churn rate)* y sus consecuentes efectos en los costes de captación o adquisición y de retención.

Tener un buen NPS y consolidar un crecimiento en este indicador significa poder crecer mientras cambiamos, y es por tanto la llave que abre la puerta del *run & change*. Un buen dato y su crecimiento indica que efectivamente estamos desarrollando el proceso de transformación de la mano de la mejora de la satisfacción de nuestros usuarios y que, por consiguiente, tenemos claro su rumbo. Ese pollo sí tiene cabeza, y además corre.

¿Qué queremos conseguir?

La tercera pregunta que nos hemos de hacer es: ¿qué queremos conseguir? Y la respuesta no puede ser más simple: deseamos crecer, seguir creciendo o tal vez empezar a crecer, y hacerlo a partir de todo lo mencionado hasta ahora, a la vez que logramos diferenciarnos de la competencia de manera continua y permanente y ponemos toda la atención en ampliar las orillas de nuestro negocio, dejando que sean nuestros clientes y usuarios quienes asuman la labor de guiarnos hacia ellas.

¿Cómo lo podemos hacer?

A la anterior le sigue una cuarta pregunta: ¿cómo lo podemos hacer? ¿Cómo conseguiremos crecer a la vez que cambiamos? Y, si ya estamos creciendo, ¿no afectará el cambio a nuestro encauzado ritmo de crecimiento? Esta pregunta ha sido suficientemente respondida con anterioridad a lo largo de este libro; de ahí que resuma muy brevemente la respuesta: lo haremos cambiando nuestra manera de trabajar, actuar y pensar. Solo así lo lograremos. El cambio en el modelo de relación no es opcional porque es algo que él, el nuevo usuario, ha decidido.

Todos sabemos que estamos ante un nuevo usuario, un ser humano que utiliza la tecnología en un montón de ámbitos de su vida, lleva ya más de diez años con esto y tiene un enorme poder de influir a partir de su experiencia porque tiene acceso a múltiples diferentes herramientas a través de las que compartir los contenidos que genera. Y ese es precisamente el motivo fundamental por el que acometer un proceso de Transformación Digital no resulta opcional. Estás en sus manos.

Se trata de un usuario activo, abierto al diálogo, a la colaboración, a hacerse las cosas él mismo si se lo facilitas, y cada vez más abierto a contrastar las cosas con otros como él. Ojito a esto, que es un elemento diferenciador de lo que hasta ahora gobernaba las actuaciones de las organizaciones: el usuario toma el mando y se adhiere a otros como él para dejarlo muy claro.

Es un usuario exigente, que busca la mejor calidad en lo que se le ofrece, exige el mayor nivel de contacto cuando él lo desea, quiere muchísima rapidez en la resolución de cualquier deseo o necesidad y la preservación de su intimidad y privacidad en un universo totalmente abierto. Es un usuario participativo, digitalmente desarrollado y superinformado que busca y evalúa propuestas de valor de forma que puede parecer convulsiva pero que va acompañada de muchísima reflexión. Y que decide en microsegundos de cada micromomento.

Considera importante el uso de la tecnología en su día a día y usa aplicaciones de todo tipo para gestionar los aspectos más importantes de su vida, como la salud, el dinero e incluso el amor. Está hecho al Internet de las cosas (IoT) e incluso a las aplicaciones un tanto complejas de la Inteligencia Artificial (IA) y vive cómodo en un hábitat que hasta hace unos años le era totalmente desconocido. Tal es su capacidad de adaptación.

Se trata de un usuario, al fin, que es el verdadero protagonista de la disrupción. De ahí que quien mejor y más activamente le escuche y le siga tenga más posibilidades de completar con éxito el reto de transformar su organización para convertirla en algo mucho más valioso al final del proceso, algo que no tiene por qué ser la misma organización. Pero de eso hablaremos al final de este libro.

Este usuario no permitirá, por tanto, mantener el modelo de relación que hasta ahora ha soportado. Y esa exigencia es la que te obliga a cambiar, a adaptarte, y esa adaptación es la que pasa por el cambio en el modelo de trabajo. Trabajar con el usuario dentro de la empresa implicará hacer las cosas de otra manera: pensando en la inmediatez de la resolución de sus problemas y en la satisfacción de sus necesidades, pues, nos guste o no, así funcionan ahora las cosas, y organizándonos de tal manera que el proceso de puesta en producción de nuestras propuestas sea lo más rápido posible, acortando los tiempos, persiguiendo los noventa días como límite temporal máximo entre la generación de ideas y el lanzamiento de propuestas. Para poder hacer esto último, sería muy recomendable trabajar a partir de *exo-sprints,* sesiones bajo metodología ágil que condensan el aprendizaje acumulado en la organización en un *sprint* de diez o doce semanas donde se crean los marcos para que las organizaciones elaboren soluciones, diseñen estrategias e innoven consiguiendo un rápido crecimiento (yo he llegado a conocer compañías con incrementos de 10x en un período de cinco años).

Como ya sabemos, cuando se trata de implementar cambios, la reacción típica de las empresas es resistirse a ellos y huir de la disrupción. Eso hace que transformar la cultura organizacional resulte un paso esencial en el proceso de cambio y que sea absolutamente preciso pasar de una mentalidad lineal a otra exponencial implementando nuevas iniciativas de vanguardia con potencial para generar resultados masivos y convertirse en la principal fuente de desarrollo para la organización, preparándonos para un ciclo de mejora continua en el que seamos capaces de entregar mejoras, iteraciones y nueva funcionalidad de manera constante y fluida.

Creo que es en este tema en el que mayor aportación —lo digo con toda la humildad— he podido hacer a una organización muy compleja por su estructura, diseño, funcionamiento, área de actividad y configuración. Discutíamos mientras discurríamos acerca de cómo poder cambiar la mentalidad común existente y llevarla a un cambio radical y disruptivo que provocara la aparición de una nueva manera de pensar en todos y cada uno de sus elementos y decidimos implementar un programa en el que una serie de *startups* relacionadas con el área de actividad de la empresa trabajarían con equipos transversales creados al efecto, de tal manera que todas las áreas de la organización se contagiaran del virus del cambio. Trabajaron en dicho programa 18 equipos, más de 800 personas, con 18 *startups* que proponían soluciones muy diferentes y atractivas. De dicho programa, además de salir muchas e importantes propuestas de valor, surgió una irrevocable y decidida apuesta por una nueva manera de trabajar y una nueva mentalidad en la organización, una mentalidad indudablemente exponencial.

Tenemos que advertir, pues, de esta circunstancia: el nacimiento y la maduración temprana de una nueva persona empujada por el crecimiento exponencial de posibilidades que le brinda el ecosistema digital. Y hemos de preparar nuestra organización para el cambio constante, para la adecuación permanente de nuestra propuesta de valor a los deseos y necesidades muy pero que muy cambiantes de esa persona. En esa preparación radica gran parte del éxito, porque lo que comienza sin saber dónde acaba, como es el caso, puede acabar sin saber por qué acaba si no nos hemos preparado bien para poder iterar sobre la marcha los problemas que encontremos.

Y como ya sabemos para quién, por qué y para qué vamos a trabajar, revisemos los indicadores que debemos fijar como parte de esa preparación que nos dirán si el viaje transcurre eficientemente hacia la consecución de la felicidad de nuestros clientes y usuarios, que de eso se trata. Son simples, fáciles de medir y monitorizar y están interconectados. Su buen funcionamiento supondrá que nuestra organización estará creciendo y que, por tanto, estaremos consiguiendo cumplir el objetivo final de nuestro proceso de Transformación Digital. Los recordamos aquí brevemente:

- *Net Promoting Score* (NPS). Indicador principal en un proceso de Transformación Digital, resulta clave para determinar la lealtad de los clientes a una empresa y, por consiguiente, el funcionamiento que se puede esperar de sus indicadores financieros en el medio plazo.
- **Tasa de abandono *(lapse rate,* también conocida como *churn rate* en algunos sectores).** Es el número de clientes que la organización ha perdido en un período de tiempo determinado, normalmente medido en ciclos mensuales. Resulta crítico porque mantener a un cliente es más sencillo, barato y eficiente que perderlo y luchar por captar a un «sustituto».
- **Nivel de digitalización de la base de clientes.** Es el número de clientes que interactúan con la compañía de manera recurrente en el ecosistema digital. Ayuda a reducir el tiempo de gestión de

los procesos en el día a día y a ganar velocidad de respuesta a las necesidades de los usuarios. Tú ganas, pero ellos ganan más.

- **Niveles de virtualización de la relación con tus clientes y usuarios.** Marcan el grado de aprovechamiento que se está obteniendo de la tecnología para satisfacer las necesidades de los clientes. Si tienes la que necesitan, estos niveles subirán consistentemente; si no, te equivocaste de *cacharrito*.

Por tanto, reflexionemos sobre la imperiosa necesidad de incorporar al usuario final a nuestro proceso de Transformación Digital, pero no como pretexto o justificación, ni siquiera como acompañante, sino porque todo gira a su alrededor. Démosle el rol que se merece, el de guía. Nadie mejor que él sabe lo que quiere, cómo y, fundamentalmente, cuándo. El mismo que nos plantea el problema nos da casi siempre la solución, nos enseña el camino; solo tenemos que escucharle de forma activa e integrarle en el diseño de las soluciones que pensamos para él. Sus aportaciones serán de inmenso valor y asegurarán el acierto, como hemos contado aquí y constatado en la vida real.

Y será aconsejable también acompañarle en la ejecución de dichas soluciones, pues es él quien ejecuta los procesos que ponemos en sus manos en el ecosistema digital; de ahí la importancia de someter estos procesos también a su validación antes de poner en producción lo que le tiene a él como destinatario. Supone, al fin y al cabo, otra manera de escucharle.

Con el usuario dentro de los equipos, la transversalidad alcanzará su máxima expresión. Se potenciará la inteligencia colectiva de manera exponencial. Llegarás a un modelo de generación de inteligencia colectiva exponencial (*Exponential Collective Intelligence* [XCI]) que definitivamente marcará diferencias con tus competidores. Y crecerás entre alegrías, parabienes y recomendaciones.

Es así de sencillo, pero también así de complejo. Porque se supone que tienes en tu equipo a gente muy preparada, mucho mejor que tus clientes, y si ahora todo pasa por tener a tu cliente dentro, ¿para qué has fichado a todos esos seres brillantes que te rodean? Pues precisamente para eso, para que les escuchen y aprendan y sepan devolverle la mejor experiencia posible. Tan sencillo como eso, y a la vez tan complejo.

¿Cómo financiamos el proceso de Transformación Digital?

Tenemos una quinta pregunta que hacernos: ¿cómo es de caro esto de la Transformación Digital?

Esta es una buena pregunta que debe contestarse abiertamente. El dinero, o su ausencia, no puede ser una excusa para no acometer un objetivo que dejó de ser opcional hace ya mucho. Igual de importante y necesario que poder pagar la nómina es poder sostener un proceso de transformación para cualquier compañía. Si no puedes pagar a tus empleados, cierra. Si no puedes transformarte, cierra.

¿Pero cuánto nos costará? Si lo haces bien, gastarás poco y ganarás mucho. Si lo haces mal, gastarás mucho y ganarás poco, pero estarás vivo. Si no lo haces, estás muerto.

Aunque poder sostener el proceso tampoco será suficiente. Por supuesto que necesitaremos asegurarnos de que los recursos necesarios llegan a los lugares adecuados de la organización, pero además debemos ser capaces de decidir acerca de un nuevo proceso de asignación de dichos recursos y cambiar el *tempo* con el que normalmente estos asuntos suceden en la organización.

Y no es este un punto sencillo, porque en el fondo la gestión de un proceso de Transformación Digital requiere un modelo en el que el CEO y el equipo responsable del proceso, entre cuyos habituales se encontrará el director general financiero (CFO), funcionan como si de inversores de capital riesgo se tratara, haciendo un seguimiento cercano a cada uno de los proyectos, desconectando y desactivando los que no cumplen las expectativas planteadas e invirtiendo más en los que funcionan tal como se esperaba o mejor. De ahí que siempre haya considerado interesante tener como CFO o al menos en el equipo de este de una gran multinacional metida en el proceso de transformación a un experto en gestión de capital riesgo, e idealmente habituado a procesos de inversión en lo que conocemos como capital semilla por la manera diferente que tendrá de mirar los números y su alto potencial de gestión de este tipo de proyectos desde el lado de los indicadores económicos, los *economics*.

Asegurarnos de que los recursos necesarios llegan a los lugares apropiados de la organización en su momento debido es fácil de decir, requiere la aceleración aguda de los procesos de presupuestación y asignación de recursos, que normalmente en las grandes empresas, y en las no tan grandes también, son parecidos a la tramitación de las leyes orgánicas en nuestro país. Es más, lo realmente conveniente sería abandonar el modelo de presupuestos anuales e ir a ciclos trimestrales e incluso mensuales.

Si tenemos el dinero y lo gestionamos bajo un modelo diferente, con ciclos muy distintos y canales de asignación de nuevo cuño, aseguraremos la capacidad operativa precisa para desarrollar el proceso de Transformación Digital con la tranquilidad necesaria.

Pero además de todo lo anterior, si queremos tener éxito, habrá que cortar presupuesto a otras actividades de la actividad ordinaria (*business as usual* o BAU) de la organización, lo que resulta tremendamente importante y complicado. El proceso de transformación no puede concebirse como un «además de todo lo que tengo», porque solo recibirá fondos cuando sobre de lo que necesito para mantener todo lo que tengo y hacer lo que quiero con lo que ya tengo. Es decir, migajas, y las migajas acaban siempre las primeras fuera de la mesa.

Este fue el acierto de un conocido banco que en pleno proceso de transformación cayó en la cuenta de que, con independencia de las enormes inversiones que realizaba en el ecosistema digital, eran sus oficinas las que representaban más del 90 % de su gasto operativo, cuando dos terceras partes de sus operaciones podían hacerse a través del ecosistema digital. Por eso decidió incrementar masivamente sus inversiones en digital, cerrar un buen número de oficinas y lanzar un programa para favorecer la migración al ecosistema digital a los usuarios y clientes que básicamente iban a las oficinas a sacar dinero del cajero o a finalizar gestiones iniciadas en digital pero para las que se les obligaba absurdamente a presentarse en las oficinas. La mejora de la experiencia de los clientes, tanto en el ecosistema digital (como consecuencia de los incrementos de inversión) como en el presencial (pues las personas antes dedicadas a procesos sin valor añadido se dedicaban ahora a mejorar el nivel de servicio y atención al cliente) fue de tal calado, que su NPS creció en doble dígito durante tres años consecutivos. Ni que decir tiene que sus resultados financieros experimentaron también un fuerte crecimiento.

6. Ejes, claves y retos en la Transformación Digital

A modo de resumen y conclusión de esta primera parte, quiero poner el foco ahora en recordar brevemente los ejes sobre los que pivotar la Transformación Digital, las claves y los retos del proceso en sí.

De los tres ejes existentes, ya se han desarrollado exhaustivamente dos: el usuario final y los equipos en las organizaciones y las personas que los conforman. Ahora profundizaré en el tercero: los datos.

Respecto a las tres claves, igualmente se han explicado ya dos: la escucha activa al usuario y la transversalización de los equipos y de su manera de trabajar, con especial atención al modelo de coordinación y gobierno. Aquí trataré la tercera: la productivización y democratización de los datos.

Y en cuanto a los tres retos que se pretende alcanzar a partir de la activación de las claves de cada uno de esos ejes, son: la generación de la mejor experiencia de tus usuarios en cada una de sus interacciones con tu organización, el desarrollo de XCI en tu compañía (para lo que insisto en la necesidad de desplegar programas de formación continua en agilidad y agilismo para todos los niveles de la organización) y la consecución de un elevado nivel de acierto en la toma rápida de decisiones a partir de los datos de la empresa.

He querido dejar para el final de esta primera parte el desarrollo de mi visión acerca de los datos y del papel que deberían desempeñar en un proceso de Transformación Digital. Y voy a empezar proponiendo un homenaje a todas las empresarias y a todos los empresarios que alcanzaron el éxito en épocas pasadas sin poder basar su toma de decisiones en modelos predictivos, estadísticos, conductuales, cuadros de mando interactivos en tiempo real, herramientas de *business intelligence,* etc., y sin apenas saber nada de lo que era la inteligencia artificial. Y lo hicieron, y lo hicieron bien, y crecieron.

Porque esta tercera clave es tan necesaria hoy como lo fue en cualquier otro momento, con la diferencia de que ahora es absolutamente imprescindible para poder cumplir la velocidad requerida en la toma de decisiones, no tanto su acierto. La experiencia acumulada, el instinto, el olfato empresarial, la dedicación y el esfuerzo diario hacían entonces de banco de datos (*data lake*). Actualmente acumulamos datos en lugar de experiencia, pero no lo hacemos solo nosotros, sino todo competidor que se precie. ¿Marcará entonces la diferencia quien más datos tenga? No. Podrás pensar que esto supone una visión muy disruptiva del tema, y así es, pero voy a explicarlo.

La diferencia la marcará quien sea capaz de productivizar y democratizar de tal manera la gestión y el acceso a los datos, que consiga multiplicar de nuevo exponencialmente el conocimiento y por tanto acelerar de la misma manera la curva de crecimiento de la experiencia. La marcará, pues, quien entienda los datos como aceleradores de la madurez intelectual, quien desde un principio entienda que los datos son la mejor munición para el proceso de Transformación Digital, no en función de la cantidad que logre acumular, sino del uso que pueda hacer de ellos, precisamente porque su empleo adecuado permitirá generar la mejor experiencia de usuario a velocidades nunca vistas.

¿Por qué, si no es por esto, iba un usuario a cedernos sus datos? Son suyos y se los pedimos para, precisamente, poder aplicar con mayor eficacia la regla de oro del diseño centrado en el ser humano (HCD): lo conozco mejor, pienso en él, le genero siempre el máximo valor posible, y todos tan contentos.

El problema es concebir los datos como herramienta de poder y utilizarla a tal fin. Y es un problema poliédrico y enquistado en muchísimas de las grandes organizaciones del universo empresarial actual.

Como dijo Albert Einstein, «la educación no es el aprendizaje de datos, sino la formación de la mente para pensar». ¿Qué sucede? Que a partir de los datos podemos «pensar mejor», aprender más, generar mayor valor y riqueza. Pero para ello precisamos que los datos nos digan lo que nos tienen que decir en cada momento, con un significado claro, dentro de un contexto y en función de la necesidad de quien es destinatario de nuestra propuesta de valor.

Hablemos de *pizzas*. Son lo más parecido al mundo de los datos que te puedas imaginar. Hemos vivido mucho tiempo la época en la que, si queríamos una *pizza*, las soluciones que estaban a nuestro alcance eran básicamente dos: comprarla hecha, lista para llevar, congelada o refrigerada, meterla en el horno y comérnosla o acudir a un establecimiento y pedir la que estuviera en la carta. Con los datos nos pasaba lo mismo

—y en muchas organizaciones sigue pasando—: cuando necesitábamos un dato, lo pedíamos, nos lo daban y, cuando precisábamos «cocinar» los datos, pedíamos lo que queríamos y nos daban «lo que había» en distintos plazos, formas y soportes.

El mundo de las *pizzas* evolucionó; el de los datos también. Se alcanzó el momento en el que podíamos pedir los ingredientes que queríamos para conformar nuestra *pizza,* a los que solo podían acceder «los maestros pizzeros». Y algunos establecimientos tenían la capacidad de prepararlas en función de nuestra solicitud; otros, además, nos la llevaban a casa. Normalmente tardaban más de lo que nos apetecía esperar y era más caro, sin contar con que muchas veces cuando la recogíamos o nos llegaba a casa no todos los ingredientes estaban en nuestra *pizza* y había un par que no habíamos solicitado y la fastidiaban. Con los datos pasaba lo mismo —y en muchas organizaciones sigue pasando—: solicitamos lo que queremos a partir de los ingredientes, pero son otros los que tienen acceso a los datos y los que nos los cocinan y sirven, y no siempre lo hacen como nosotros deseamos. Si bien supone un verdadero avance sobre el primer escenario, no es ni suficiente ni eficiente.

Porque la solución ideal, lo que de verdad la gente desearía, no es el «lleve su *pizza* a casa», sino el «lleve su pizzería a casa»: poner al alcance de todos los consumidores los ingredientes fetén para elaborar *pizzas* de primera calidad, que se puedan comprar y recibir «a un clic» y dar acceso a los mejores tutoriales sobre elaboración de *pizzas* a todo el que quiera hacerlas. Pues con los datos, igual: debemos poner al alcance de todos los elementos de la organización «los ingredientes», esto es, «el dato puro», para que, a partir de ahí, cada cual pueda utilizarlo de la mejor manera para generar verdadero valor al usuario o cliente final. Esto no debería siquiera ser discutible, pero no es fácil, entre otras cosas porque, más allá de tecnologías, integraciones, desarrollos y código, de la misma forma que un tomate no es lo mismo en diferentes sitios ni sabe igual, un dato tampoco. Pondré un ejemplo: una de las últimas organizaciones para la que desarrollamos un proyecto de democratización del dato descubrió, en primerísima fase, que el dato «cliente» —y todos los demás también— tenía un significado distinto en cada una de las áreas de negocio —y eran cinco— y por supuesto otro en cada una de las áreas funcionales.

Por eso en dicha fase el mayor esfuerzo tuvo que concentrarse en generar «metadatos», esto es, datos que sirven para suministrar información sobre los datos producidos. Los metadatos consisten en información que caracteriza datos, describen el contenido, la calidad, las condiciones, la historia, la disponibilidad y otras características de los datos. Se trata de una primera fase ardua, pues a la dificultad técnica que encierra generar un diccionario de datos a partir de metadatos que se pueda después productivizar se añade la de gestionar la actitud de muchos a quienes les cuesta entender que es importante, por ejemplo, que un cliente sea un dato homogéneo en la organización. Cosas que pasan.

Pero te aseguro que, si hay algo que merezca la pena a una organización que quiera competir en buenas condiciones en un plazo no muy lejano, es trabajar en la productivización del dato y la democratización del acceso al mismo.

4

PILARES, PALANCAS Y BARRERAS

¿Cómo construir un proceso eficiente de Transformación Digital que genere verdadero valor a la organización? La respuesta es sencilla; lo que a veces no lo es tanto es su ejecución.

Podremos hacerlo, y bien, a partir de la colocación de unos pilares de dicho proceso, la detección de las palancas que los activarán en un principio para ser capaces de construir el cambio, y la eliminación, en lo posible, de las barreras que se levantan contra este y aquellas otras que permanecen agazapadas pero muy preparadas para saltar ante el posible éxito del proceso.

Si preparas y calientas bien, haces buenos apoyos y evitas el listón que te separa del éxito, tu proceso triunfará como el saltador de altura que supera su propio récord. Y, si no, recuerda que tienes más intentos, no hay por qué abandonar.

1. Pilares de la Transformación Digital

Parte fundamental de la preparación de este proceso es el establecimiento de los pilares sobre los que edificar y sujetar el proceso de cambio y adaptación que acometemos, que nos permitirá, si lo hacemos bien, crecer como consecuencia de nuestras acciones, que dirigiremos a enamorar a nuestros clientes. Y creceremos más y mejor con menos si basamos nuestro modelo de ejecución del proceso de transformación en los siguientes cinco pilares:

- **Poner el foco en la generación de valor para el usuario.** El pensamiento al que responde es simple: «Solo se hace si generamos valor; lo demás es basura».

  Toda persona que participe en cualquier proyecto de los concebidos como parte del proceso de transformación debe aportar valor al usuario final. La entrega de ese valor tiene que ser la palanca que nos mueva. Este es el elemento central, causa y origen de un proceso que se quiera considerar bien planeado y enfocado. Y la medida de ese valor no puede ni debe quedar al albur de métricas vanidosas internas que pretendan justificar el progreso de nuestras actividades en la búsqueda de la mejor relación con nuestros usuarios. Unas métricas objetivas, sujetas a métodos estandarizados no maleables, nos indicarán la bondad de nuestras acciones. No perder la centralidad en el cliente nos asegurará asimismo el crecimiento y será la fuente principal de generación del beneficio.

- **Poner el foco en la entrega temprana de ese valor y en su medición.** Responde a un pensamiento clave: «Solo la entrega rápida y continua de valor al usuario llevará al éxito».

  Insisto en la exigencia nueva que el ecosistema digital pone sobre la mesa de todo tipo de organizaciones, pero con mayor incidencia en las grandes, que lo son porque se lo merecen. Hasta hace unos años el mercado respetaba a los grandes, bien por convicción, bien por ser muchos de nosotros sus clientes cautivos —no por estar cautivados—. Imponían sus reglas, que el usuario debía acatar para poder beneficiarse de las ventajas que podía suponerle la posición de dominio que estas grandes corporaciones mantenían. Pero apareció «lo digital» y lo empezó a mandar todo al traste.

  Ya no importa que seas el más grande, ni siquiera vale que seas el mejor por haberte dedicado años a acumular talento sin necesidad ni ganas de desarrollarlo (solo como estrategia defensiva, pues esa acumulación de talento desactivaba la posibilidad de que desembocara en cualquier otro lugar). Ya no importa la perfección; de hecho, pasa a ser el rango posible más bajo de logro *(the lowest possible range of achievement)*, de puntuación, porque nunca se alcanza y porque ya no importa que no se alcance, pues ahora lo importante es hacerlo bien y más deprisa, mejorarlo de forma continua y hacerlo de manera más eficiente.

Se impone la gestión del micromomento, que requiere la satisfacción inmediata de las necesidades del usuario. Inmediata. El tiempo de espera corre en contra de nuestra propuesta de valor hasta el punto de dejarla en nada si no somos capaces de hacer las cosas deprisa. Esto significa que no podemos tardar mucho en lanzar una solución que funcione, aunque no sea perfecta, para que no se nos adelanten, y también que hemos de ser muy veloces en mejorarla de forma continua y permanente.

Y esto es lo que más incomoda a la mayor parte de los elementos de la resistencia: cambiar el chip, trabajar rápido, en permanente *sprint*. Contra ello existe un argumento corrosivo: calificar esta nueva forma de trabajar como «un cuento chino en el que se refugian quienes no se preocupan de hacer las cosas bien, como siempre se han hecho en esta casa, y que nos llevará a la ruina por poner en el mercado cosas sin acabar que no funcionan» en lugar de esperar a que los que más saben decidan si debemos hacerlo o no.

Recuerdo bien cómo un alto directivo, antiguo compañero del comité ejecutivo en una de las últimas corporaciones para las que trabajé y posteriormente mi sucesor en la función de director general de Transformación Digital *(Chief Transformation Officer)* —lo que habla de su propio proceso de transformación—, me espetó muy al principio de acometer el proceso en dicha empresa: «Zunzu, esto que hacéis es lanzar chustas sin acabar bajo el nombre de PMV y luego corregir lo que no funciona, que, claro, es casi todo porque no os ha dado tiempo a hacerlo bien». No hacía más que rebelarse frente al cambio, como tanta gente tantas veces. Pero es un hecho constatado que el foco permanente en la entrega exigible nos asegura éxito en esa entrega comprometida de valor en ciclos cortos en ecosistemas complejos.

- **Poner el foco en la validación constante del usuario final e iterar de manera constante.** Responde a un pensamiento simple: «Si queremos mejorar cada día, debemos escuchar a nuestro usuario y mejorar con sus aportaciones, por lo que nos conviene implantar el proceso de mejora continua desde ya».

Este pilar dinamita el modelo de años y años de funcionamiento de casi todas las organizaciones, muchas de enorme éxito hasta el momento. Pero es que lo que les ha traído hasta aquí ya no solo no vale, sino que será lo que las mate más pronto que tarde. Porque se acabaron los comités a los que los diferentes equipos, normalmente pertenecientes todos sus miembros a la misma área de negocio, «subían» sus propuestas —horrible y denotativa expresión— para que fueran aprobadas o machacadas al más puro estilo de circo romano, normalmente sin motivación suficiente y en la mayoría de los casos como reflejo de cainitas luchas internas entre directivos inseguros.

Se impone en estos tiempos de transformación la validación del usuario como elemento aprobador de las propuestas de valor que emanan de los equipos autónomos multifuncionales. Esta validación, sujeta a elementos estándar y realizada con la mediación de terceros, si bien siempre habría sido recomendable —nos habríamos ahorrado muchos «esto no es lo que necesita la compañía» y muchos «esto no es lo que espera el jefe»—, ahora resulta imprescindible por dos motivos: porque todavía es muy frecuente que los que mandan tengan escasa idea de por dónde sopla el viento en temas digitales y porque la validación ahora es susceptible de ser rápidamente desarrollada e integrada en el proceso, de modo que incorporarla permanentemente respecto a lo que ideamos y diseñamos para nuestros usuarios, futuros o presentes consumidores de nuestra propuesta de valor, es ya lo más sencillo de este poliédrico proceso de transformación. Y quien no lo hace es simplemente porque no quiere. A partir de esta validación permanente, estableceremos procesos de mejora continua que favorecerán la satisfacción y mejorarán en la experiencia de usuario.

- **Dar a los equipos en la organización plena autonomía y responsabilidad.** Responde a la necesidad de conseguir un modelo de ejecución ágil de principio a fin.

Es fundamental, si queremos poder aplicar los aceleradores necesarios con las suficientes garantías de calidad en la ejecución, dotar de plena autonomía a los equipos asignados a cada uno de los proyectos que tienen como objetivo enamorar a nuestros usuarios. Y no es fácil. O, mejor dicho, resulta fácil decirlo pero muy difícil hacerlo, porque «plena autonomía» significa la total capacidad de los sujetos de ese equipo para establecer las reglas de funcionamiento para sí mismos y en sus relaciones con los demás componentes de la compañía dentro de los límites de gobierno de esta, lo que resulta raro de ver. Pero ¿no será más adecuado precisamente liberar a los equipos para que sea su relación con el usuario final la única que les mueva, por encima de ataduras corporativas? ¿No será este el mejor modo de iniciar una transformación?

Y todo lo anterior, sin contar con lo positivo que resulta para la sostenibilidad mental de la propia organización contar con equipos que trabajan con plena autonomía bajo su confianza y que además son debidamente retribuidos por ello. La transformación empieza a funcionar activando estos principios básicos dentro de la empresa.

Sin agilidad no hay transformación que sobreviva, igual que no la habrá si nos resistimos a pelear por el mando con el usuario, dueño y señor, al fin y al cabo, de nuestro destino. Y ceder esa autonomía a los equipos supone el primer reconocimiento de autoridad al usuario final, representado en la organización por el equipo que, preferiblemente en ágil, trabaja para generarle la mejor experiencia posible. Así, asegurar un proceso presidido por criterios de ejecución ágil preservará la autonomía y empujará la responsabilidad de los equipos y sostendrá la validación, medición e iteración continuas como clave. Se trata indudablemente de la mejor manera de integrar al usuario final en el proceso de toma de decisiones de la compañía.

¿Pero qué pasa si en nuestra organización la ejecución ágil está lejos de ser practicada o incluso conocida? Pues casi mejor, ya que no hay mejor forma de aprender que aprender haciendo, y esta carrera no tiene cabida para quienes no saben y no quieren pero está llena de oportunidades para quienes no saben pero quieren y de este modo asumen que deberán aprender haciendo y, por eso, al principio se apoyarán en terceros especialistas para aprender. Muchas iniciativas para lograr la transformación en cualquier organización mueren precisamente por la dificultad de algunos —el ya consabido colesterol de dirección y gestión— para aprender, pues ni siquiera muestran actitud positiva ante el aprendizaje, como si aprender no fuera de sabios, como si no resultara necesario para cualquiera de nosotros cada día.

- **Apalancar su progreso y desarrollo en los datos, no en las opiniones o los mandatos.** Hablamos siempre de datos democratizados y gobernados.

No es infrecuente encontrarse con que los datos, ese tesoro corporativo, son puestos a buen recaudo y cobijados bajo complejísimos sistemas de información y encriptado de tal manera que solo unos cuantos, pocos, elementos de la organización tienen acceso a ellos. Desde tiempo inmemorial sabemos, o nos han contado, que la información es poder, y por tanto los datos son su máxima expresión. Y este poder, que se obtiene del usuario pero no revierte casi nunca en su beneficio, ni siquiera es habitual compartirlo de manera democrática y productivizada con todos los elementos de la empresa, muchos responsables de acertar con las propuestas. Aunque esto ha ido evolucionando muy rápido, no son demasiadas las compañías que han logrado transitar con éxito el camino de la gestión eficiente de los datos que atesoran y su traducción en valor para el usuario, que es su generador y dueño.

Para poder hacerlo, lo primero es plantearse su productivización como vía de democratización. Si queremos hacer accesibles a todos los elementos de la organización los datos que cada uno de sus elementos necesitan en su día a día para mejorar la calidad de su gestión y la adecuación de las propuestas de valor a lo que realmente aporta a los usuarios finales, debemos olvidar la ecuación «necesito = solicito + "petra" + espero + reviso + utilizo» por una nueva mucho más simple: «necesito = pincho y accedo + utilizo». Los datos, todos, a un clic. Esto implica sacarlos «del fondo del lago», construir una estructura simple de extracción de datos abierta a todos los usuarios y gobernada con criterios de usabilidad y sensibilidad del dato, rellenar dicha estructura con datos de significado único y universal dentro de la organización (lo que seguramente requerirá un trabajo intenso de varios equipos) y organizar su funcionamiento en una plataforma lo más simple posible para los usuarios internos, casi como si de un cuadro de mandos integral se tratara.

Esta plataforma así montada permitirá un acceso democratizado a los datos que posibilitará la toma de decisiones acertadas y rápidas y, junto a las validaciones, destruirá la «opinática». Y no estoy diciendo que todo el mundo en una compañía tenga acceso a todo tipo de datos, lo que nos llevaría a una especie de anarquía organizacional, sino que, una vez establecidas las reglas de gobierno por las que definimos quién necesita acceder a qué tipo de dato, el funcionamiento se estandariza y simplifica al máximo. Se acaban las solicitudes de extracción de datos, pues cada uno extrae los suyos. De esta manera, a través de la productivización del dato, llegamos a su plena democratización en cuanto a sus acceso y uso. El dato a un clic. Cero «petras».

Los cinco pilares descritos deben sustentar, a su vez, cuatro vigas maestras del modelo organizacional que favorecerán el éxito:

- **La transparencia.** Será fundamental construir un relato común y ofrecer en la organización una visión única del proceso, dando la máxima visibilidad y accesibilidad del progreso y de los resultados que se van obteniendo —progreso y resultados, no promesas o generalidades que desconciertan y confunden—. Se trata de generar la mayor trazabilidad posible de todas las iniciativas desarrolladas dentro de nuestro proyecto de transformación y de sus resultados. La transparencia en todo lo que se hace y una inteligente comunicación interna incidiendo en todo lo que se consigue a partir de los cambios introducidos serán dos de las claves fundamentales para llevar a cabo con éxito cualquier proceso de transformación. Y por *inteligente* debemos considerar la capaz de permitir que la ya explicada revolución silenciosa logre el avance definitivo necesario para asegurar «el triunfo de los aliados».
- **La transversalidad.** Resulta imprescindible asegurar que se pueden crear relaciones horizontales entre diferentes niveles mediante el trabajo en equipo: compartir, romper silos, destrozar el

miedo a equivocarse y ayudar así a equivocarse menos. El proceso que acometamos deberá estar diseñado para la generación de inteligencia colectiva y apoyarse en ella para transitarlo y progresar en él de manera exponencial. Deben ser equipos multidisciplinares empoderados y autónomos los que estén al mando de las operaciones.

- **La metodología.** Es la herramienta que sujeta el proceso y favorece la autonomía y la responsabilidad, el motor impulsor de la ejecución de proyectos en ágil. En esta metodología sencilla en su definición los equipos transversales han de sentirse cómodos y se deben favorecer la velocidad, la precisión y el acierto en su trabajo. Además, ha de estar marcada en sus tiempos, fases, herramientas, sesiones y objetivos. Si bien hay multitud de metodologías, creo que la más adecuada es la que combina el diseño centrado en el ser humano (*Human Centered Design*) en la fase de descubrimiento y conceptualización de la propuesta de valor con *Lean startup* en las fases de fijación de la propuesta de valor y definición y desarrollo del necesario prototipo y con *Agile Scrum* a la hora de pasar al desarrollo técnico o tecnológico de la solución propuesta. Y todo ello, en noventa días.

- **El gobierno.** Un modelo de gobierno claro, bajo el transparente liderazgo del CEO, comunicado a los cuatro vientos y sin fisuras y con el apoyo total y expreso de la alta dirección (y por convencimiento, no solo porque lo que viene de arriba no se cuestiona) debe empoderar a los equipos multidisciplinares autónomos para el correcto avance del proceso. Este gobierno ha de estar asentado en un programa nítido en el que los indicadores clave del avance estratégico, después de revisados, marcarán los proyectos que se desarrollarán en función de su grado de alineamiento con ellos. Apostará por la gestión transversal de las prioridades de negocio con criterios claros de selección y priorización de los proyectos que conformarán el itinerario que haya que seguir en forma de «paquete o agenda de transformación».

Será un gobierno, en fin, generador de confianza en la gestión a los equipos ágiles y basado en cuatro conceptos: principios claros, apoyo, continuidad y confianza. Esto último es absolutamente crucial porque, independientemente de lo bien diseñado que esté, todo proceso de Transformación Digital está sujeto a sorpresas y acontecimientos imprevistos. De ahí que este modelo deba contemplar medidas que permitan corregir inevitables desviaciones respecto al funcionamiento previsto, considerando que no podremos prever cómo funcionará con excesivo detalle, pues no conocemos el terreno que se ocupará.

Aquí es donde el modelo de gobierno ágil se presenta como absolutamente superior a otros conocidos y adoptados por multitud de compañías de diferentes tamaño y problemática. Es un modelo con diferentes niveles no jerárquicos de desarrollo y control diario, semanal, quincenal, mensual y trimestral en el que el CEO debe ser parte activa y no especial. Esto es, no montemos «comités para el CEO, quien tiene una agenda muy complicada». Él sabe cuál es el modelo de gobierno y está invitado a asistir cuando y como quiera. El CEO deberá saber también cuál es el estado de las iniciativas más relevantes del proceso de transformación. Un cuadro de mandos simple, a un clic, será más que suficiente.

2. Palancas del proceso

Seguimos hablando del CEO como impulsor que debe ser permanente y público del nuevo modelo y de la nueva forma de hacer las cosas. Ahora profundizaremos en su papel determinante, ya que es la primera, mayor y más notoria palanca de la transformación de una organización. Vaya por delante mi agradecimiento a los muchos CEO con los que he tenido la suerte de trabajar y a los también muchos que me han ayudado en la construcción de esta argumentación.

> «Lo esencial es no perder la orientación. Siempre pendiente de la brújula, siguió guiando a sus hombres hacia el norte invisible, hasta que lograron salir de la región encantada»
> Gabriel García Márquez. *Cien años de soledad*
>
> .

El rol del CEO

¿Cuál es el papel que debe desempeñar el CEO de una compañía que afronta el necesario cambio y la adaptación a las nuevas exigencias marcadas por los usuarios al albur de la expansión de posibilidades que ofrece el ecosistema digital?

«Impepinablemente» tendrá que liderar la iniciativa desde un principio y sin dudas. Si en un entorno estable la determinación del CEO marca el desempeño global de la empresa que lidera, cuando ese entorno pasa a ser volátil, incierto, complejo y ambiguo, es cuando más necesita el grupo un liderazgo firme y honesto hacia ese «norte invisible», pues son muchas las ocasiones en las que sabemos que debemos empezar el viaje de la transformación más allá de saber, o mejor dicho, de ver, su punto final.

En eso radica la obligación máxima de un CEO, en asumir y transmitir sin dobleces que, más allá de saber adónde llegaremos, lo realmente importante es salir de donde estamos, de esa «región encantada» en la que dormitan muchas organizaciones y en la que la muerte será segura, a veces dulce, pero segura. Es el momento de tomar decisiones, y decisiones de nivel, de mucho nivel. Son bastantes, así que habrá que priorizarlas con acierto y acertar en su modelo de implementación. De ello dependerá el éxito del proceso.

Por tanto, la primera decisión será: «Nos vamos». Pero ¿adónde? Puede que no lo sepa a ciencia cierta, pero sí sabe que tiene que mover la empresa y no cuenta con muchas otras opciones porque sus clientes y usuarios se le están yendo, en el mejor de los casos todavía de manera controlable, y están surgiendo opciones en el mercado que pueden apretar, y mucho, la situación actual. En este punto hay quien, desde el plano más teórico de la consultoría, recomienda ir a los datos y al análisis de por dónde se están moviendo la oferta y la demanda y dirigirse hacia allá. No digo que no haya que analizar y estudiar los datos de movimiento del mercado, pero ni es suficiente ni dará tiempo a hacerlo. Aquí es donde hay que proyectar e imaginar, visualizar cómo funcionarán las cosas en un entorno plenamente digital y qué tipo de relación nos reclamarán usuarios y clientes, identificar cómo nos deberemos relacionar con ellos a lo largo de los distintos micromomentos en los que tendremos contacto y relación y empujar de forma definitiva nuevos modos de hacer las cosas para poder satisfacer constantemente sus necesidades en un nuevo ecosistema.

Por todo lo anterior, debe ser el CEO quien decida dónde quiere posicionar a la organización dentro del ecosistema digital para complementar y permitir desarrollar los objetivos estratégicos de la empresa; ha de ser él quien establezca los pilares sobre los que construir el proceso con el fin de no solo preservar, sino hacer crecer los activos más valiosos de la compañía, dependientes del modelo de relación con clientes y usuarios.

En todo caso, el CEO será el responsable de fijar el retorno deseado y apoyar su consecución. ¿Cómo puede hacerlo si no conoce el destino final? La manera más eficaz será definir con su equipo los nuevos KPI estratégicos que intuye que le acercarán a su destino: experiencia de usuario, digitalización del modelo de relación (virtualización de los contactos e interacciones, siempre que esto suponga la mejor opción para el cliente y nunca en caso contrario), atacar para ganar NPS y ·defender a muerte la tasa de abandono, más clientes más contentos y fieles a la propuesta de valor; ese es el territorio al que deberá llevar el CEO a su gente, y como consecuencia tendrá unos resultados financieros que excederán incluso lo imaginado como «norte invisible» en el momento de iniciar el viaje.

Tomada la primera decisión —«Nos vamos»—, tocará definir quién liderará el proceso. Y la respuesta es sencilla: un proceso de transformación simplemente no se delega. La cara del esfuerzo es el propio CEO en sí; por tanto, su implicación debe ser plena, constante e incluso entrometida, dando señal de este modo de que resulta absolutamente prioritario para la organización recorrer el camino, pues esto no es opcional y quien no se monte perderá el tren de la tranquilidad. Si no, la organización tendrá poco futuro. El CEO deberá conocer al detalle el progreso del proceso y aportará a los proyectos que lo conformen tanto visión corporativa como inteligencia de negocio.

A partir del conocimiento detallado de lo que hay —no es este un tema que se pueda delegar por completo, más bien hay que liderar «desde el frente de la batalla»—, su apoyo y su defensa del proceso son de vital importancia a la hora de superar tanto las batallas y los obstáculos externos como de desbloquear posibles obstáculos y barreras internas, visibles o no, que surgirán a lo largo de la campaña. Pero este apoyo no será ciego ni se dará sin retar a las iniciativas que lo desarrollan ni sin provocar sus posibles iteraciones.

Es crucial también que el CEO promueva y dé visibilidad al proceso de Transformación Digital permanentemente integrándolo en su discurso habitual como motor del crecimiento de la organización, recordando permanentemente así a quienes esperan el fallo que es un asunto en el que no está prevista la posibilidad de abortar o retornar a la base.

Yo he tenido la suerte de cruzarme siempre con grandes CEO y, además, de habernos divertido mucho. Con uno, mi *supermillenial* favorito, de manera especial, aunque se nos rompiera el amor «de tanto usarlo».

El *Head Coach*

Dentro de esa segunda decisión que hay que tomar, y siendo esta aventura responsabilidad primera e indelegable del CEO, no la podrá culminar con éxito por sí solo. Como si de un director de orquesta se tratara, y liderando la visión y la dirección del proceso, necesitará la plena confianza de su equipo de líderes para desarrollar el trabajo que todo esto conlleva en el día a día. Y como primer violín de esa orquesta, considero segundo elemento en importancia a la hora de apalancar el proceso acometido la figura de un *Head Coach* de transformación, plenamente empoderado por el CEO, sobre quien recaerá la responsabilidad, pero también la plena autonomía y la libertad de movimientos, de lanzar el proceso y a sus múltiples equipos. El *Head Coach* asumirá el papel de facilitador y se integrará en los equipos para conocer de primera mano su marcha, velando así por el cumplimiento de las buenas prácticas ágiles del modelo y evitando una tarea de control extra. Esta figura reemplaza y supera con creces la labor que hasta el momento del cambio pudiera haber desempeñado la PMO, si existía. A veces resulta increíble la fuerza que puede llegar a tener la voz de un agente externo cuando dice lo que dice sabiendo por qué lo dice.

Hay organizaciones que optan por poner al frente de este equipo a un *Chief Digital Officer* desechando la posibilidad de empujar la figura del *Head Coach*. Desde mi punto de vista no son incompatibles, pero si tuviera que elegir, me quedaría con este último, el *Head Coach*. El primero es el jefe, este es el entrenador, el experto, quien saca a los equipos de las situaciones difíciles. No tenerlo es, con toda seguridad, un grave error.

Será importante que el *Head Coach* se afane en construir, formar y poner en marcha al equipo correcto para conducir el cambio.

Como insistiremos más adelante, en este equipo, necesariamente transversal y multifuncional, habrá que contar desde el principio con personas a cargo del negocio y de áreas clave, como Comunicación, RR. HH., TI o Gestión del cambio. En ocasiones defino a este equipo como *equipito,* pero no en tono peyorativo, ni muchísimo menos, sino porque no debe ser demasiado numeroso, si bien es importantísimo que esté formado por los perfiles adecuados, razón de más para poner a su frente a un verdadero experto, sobre todo en metodologías de transformación.

Son claros los principios y valores que el *Head Coach* debe defender y representar: foco absoluto, casi obsesivo, en la generación de la mejor experiencia a los clientes y usuarios de la organización; espíritu transversal y colaborativo; implementación de nuevas metodologías de trabajo, y empuje de la tolerancia al riesgo.

La gente

Si queremos arrancar bien, y esto es muy importante, debemos aprovechar los conocimientos y aprendizajes de todos los elementos de la organización, sean cuales sean su función y su rango en ella, e implicarlos en el nuevo modelo y en los primeros proyectos. La «gente» es esa que, a pesar de todo, saca proyectos con tremendo esfuerzo, no mucha formación, poca ayuda y mucha presión; son los héroes a los que muy de vez en cuando se les reconoce el mérito, (eso sí, siempre individualmente —un gran error— y de manera informal). Esa gente, que deberá formar parte de los equipos, estará deseando trabajar así, ganar visibilidad y confianza y ver cómo el resultado de su trabajo influye en la sociedad y deja huella en el progreso de la compañía. Esas personas tienen que sentirse apoyadas y, mejor aún, empoderadas. En contrapartida, han de asegurar la entrega de valor y su tangibilización en tiempo y forma.

Normalmente la gente cree en la empresa para la que trabaja, y lo normal es que vaya a muerte con lo que se le pide. Se colabora por adhesión a la causa. A esa gente «normal» es a la que tenemos que dar galones en el proceso. Son personas que sabemos que, si lo pide la organización, «da igual lo que sea, tenga sentido o no», lo harán.

Y aquí añado que sin pasión, sin estos equipos sintiendo fervor por hacerlo de otra manera, pasándoselo bien, disfrutando del viaje, las cosas no saldrán. Rara vez he escuchado a alguien incluir en su receta para el éxito de la Transformación Digital este ingrediente básico: la pasión, que debe inundar la compañía y provocar el triunfo de sus promotores, tengan que luchar contra quienes tengan que luchar.

Una palanca que incluyo siempre en esta de la gente es el área de RR. HH., que ha de fomentar la participación de los empleados en los proyectos de transformación a través del planteamiento de incentivos en sus objetivos y de planes de formación, porque tenemos que ayudar a que prenda la pasión de la que acabamos de hablar. En estos incentivos han de aparecer objetivos comunes por equipos y proyectos y tienen que desaparecer los objetivos por áreas. La formación debe plantearse a partir de la participación en los proyectos y no tanto ser académica o teórica. Será crítico incentivar a los que participen en los primeros proyectos del proceso de transformación. Hay mucha gente con ganas y de valor «sin ocupación real», esto es, que no se sienten importantes en la cadena de creación de valor a los clientes y usuarios. RR. HH. debe trabajar para que la organización pueda elegir personalidades con la mentalidad y el saber hacer que necesitamos para sacar adelante el proceso. Podemos y debemos sumarles, reubicarles, formales y darles futuro de valor.

Asimismo, será crucial que desde esta área se empuje la comunicación, de tal manera que el proceso vaya incorporando a *influencers* dentro de la compañía, lo que resulta tan importante como ganarlos fuera, y que sean ellos quienes emitan y empujen el cambio en sus ámbitos de influencia.

El negocio

Es mucho más importante de lo que pudiera parecer a primera vista dar mayor peso a las áreas de negocio en los procesos de Transformación Digital, incorporándolas como palanca desde un principio a la gestión de los proyectos de transformación como sus dueñas —porque, además, lo son—. De no ser así, la gente de Negocio contemplará el proceso desde la barrera, esperando a ver cuándo coge el toro al novillero.

Por eso cada proyecto ha de tener como patrocinador y como jefe de producto *(Product Owner)* a personas de Negocio relevantemente ligadas al éxito del mismo en sí, pues solo de esta manera se conseguirá convencerlas de que tienen que asumir su nuevo rol y dedicar el tiempo necesario al proyecto que esponsorizan y lideran. En sus roles deben impulsar, defender y dar visibilidad al proyecto, pues solo de este modo se generará la debida y necesaria carta de naturaleza para ellas.

Negocio no puede pretender asistir pasivamente a lo que sucede en la organización mientras se desarrolla el proceso de cambio; ha de participar en él desde el principio. La compañía necesita incorporar a quienes saben vender y construir, hasta ahora de manera un tanto «manual», para transformar desde la inteligencia de negocio —término que no viene de la tecnología, por mucho que haya dado por llamar *business intelligence* a la actividad de extraer datos de los sistemas para después reportarlos, normalmente tarde y mal—.

En este punto, en todo caso, no debemos esperar milagros. Negocio es «puro *run*» y el cambio es algo que en un principio le produce cierta urticaria. Pero en cuanto ve que lo que se está haciendo funciona, se apunta, y lo hace de verdad y del todo. Toca lograr victorias rápidas si queremos que se suba al carro pronto.

Tecnología y Sistemas

El área que habitualmente ejerce de líder de la oposición en el momento en el que surge la posibilidad de acometer con entusiasmo un proceso de Transformación Digital es TI, pero lejos de oponerse al cambio, debería ser una palanca y estar en el origen y el epicentro de este proceso codo con codo con las áreas de negocio. La organización que lo consigue tiene asegurado poder unificar rápidamente un modelo de gestión del proceso con objetivos y pasos que dar definidos, evitando así muchas duplicidades a primera vista invisibles y ganando enormemente en eficiencia.

De ahí que adquiera una enorme relevancia todo lo que hemos comentado ya, y seguiremos haciendo, sobre su actitud colectiva hacia la transformación. Una actitud activa positiva conseguirá mover a velocidad de vértigo las cosas para que pase lo que tiene que pasar. Desgraciadamente no es frecuente encontrarnos con esto en los inicios del proceso de Transformación Digital, por lo que será importante motivar una posible actitud pasiva positiva o neutralizar una peligrosa actitud activa negativa, que lleve a decir que no a todo y a defender que es esta área la que debe decidir en todo caso hacia dónde ha de ir la compañía, a qué ritmo y con qué pasos, todo para poder preservar «las joyas de la corona», esos monolíticos sistemas de gestión que una vez hicieron triunfar a alguien responsable de ese departamento.

Pero no es tan difícil cambiar ese posicionamiento inicial y, si fuera necesario, se acudiría a la opción del tratamiento quirúrgico. Incidiré en ello un poco más adelante.

3. Barreras que detectar y derribar o eludir

Son muchas y muy diversas las barreras que se alzan —o que funcionan desde las cloacas de la compañía— ante cualquier intento de transformación por parte de una organización, pues así es la naturaleza humana. A continuación analizaré con detalle las principales a la hora de empezar a trabajar la transformación de cualquier organización y enumeraré después otras de menor importancia.

Primera barrera: la PMO. Mata tu PMO

Ojo, porque esta barrera no es que sea invisible, sino que puede llegar a convertirse en una auténtica infiltración del enemigo en las líneas de la transformación, pues la PMO podría, en un error garrafal, tomarse como palanca del proceso, e incluso en algún caso recibir el encargo de su desarrollo, lo que asegura la muerte del proceso inevitablemente.

Lo normal, cuando tienen una PMO «al uso», es encontrarnos con organizaciones en las que falta sensación de equipo y no existe ni por asomo sentimiento de tal en quienes participan en los diferentes proyectos porque simplemente no hay cultura de proyecto. Se gestiona bajo un modelo por proyectos convencional controlado —sí, controlado— por una PMO de acuerdo con parámetros tradicionales de medición de progreso, como el nivel de consumo de presupuesto, el tiempo y el cumplimiento de hitos internos (básicamente haber pasado por los procesos de aprobación de los distintos órganos de gobierno de la compañía, comités de todo tipo incluidos).

De hecho, no se es ni consciente de que se está en un proyecto, básicamente porque lo controla todo la PMO siguiendo un modelo de gestión por proyectos absolutamente convencional que pivota sobre el control —de aquí que la mayor estupidez que puedes cometer es hacer responsable del proceso de transformación precisamente a la PMO, que es la que ha «des-concienciado» a la compañía de la necesidad de actuar como verdadero equipo y lo ha «des-empoderado»—.

¿Por qué es la PMO la barrera más peligrosa? Para poder contestar a esta pregunta, vamos a hacer antes un breve análisis sobre las PMO apuntando algunas notas sobre ellas:

- ¿Qué es una PMO? Una oficina de gestión de proyectos o PMO es un departamento o grupo que define y mantiene estándares de procesos, generalmente relacionados con la gestión de proyectos, dentro de una organización.
- Trabaja en normalizar y economizar recursos mediante la repetición de aspectos en la ejecución de diferentes proyectos. Es la fuente de la documentación, dirección y métrica en la práctica de la gestión y de la ejecución de proyectos.
- Puede basar sus principios de gestión de proyectos en metodologías y estándares en la industria, y requisitos reguladores de algunos gobiernos incluso han propulsado a las empresas a normalizar sus procesos.
- Cada vez más se está asignando a las PMO la responsabilidad de ejercer una influencia total sobre las compañías y de lograr una evolución de pensamiento que lleve hacia su continua mejora.
- Las PMO pueden operar en aspectos que van desde proporcionar las funciones de respaldo para la dirección de proyectos bajo la forma de formación, *software,* políticas normalizadas y procedimientos, hasta la dirección y responsabilidad directas en sí mismas para lograr los objetivos del proyecto.

Tras exponer las anteriores notas sobre este organismo corporativo, se deduce lo siguiente: la PMO es Dios, pues es la fuente de la documentación y tiene la facultad de ejercer «una influencia total» y de «lograr una evolución del pensamiento» en la gestión de proyectos.

También podemos hablar de que una PMO es un grupo o departamento dentro de un negocio, agencia o empresa que define y mantiene estándares para la gestión de proyectos dentro de la organización y cuyo objetivo principal consiste en lograr beneficios al estandarizar y seguir los procesos, políticas y métodos de gestión de proyectos.

Cada organización tiene un tipo diferente de PMO. Estos departamentos internos o externos pueden ser de control, de apoyo o directivos:

- **PMO de control.** "Si tienes una PMO de control, ciérrala inmediatamente, ya que esta cuenta con un fuerte enfoque en reinar en diferentes procesos, técnicas de documentación y actividades. «En reinar». Quiere hacer más que simplemente apoyar a la organización porque requiere que los trabajadores usen su apoyo. Esto es, controlar todo lo que pasa.

  Esta asistencia requerida puede llegar en formas diversas, como metodologías de gobierno, conjuntos de reglas o simplemente papeleo que le permite a la PMO mantener esa sensación de férreo control sobre los proyectos.

  Muchas organizaciones justifican un estilo de control porque dicen tener una razón clara: realizar mejoras en las ofertas de gestión de proyectos de la empresa. Mentira: para que un estilo de control funcione, debe tener un claro apoyo y autoridad provenientes del equipo de dirección ejecutiva. Pero si funciona es casi peor, pues genera en la organización un doble efecto: primero, el de la «gestión de la PMO», esto es, se pone el foco en conseguir pasar su filtro autoritario a cualquier coste, con lo que se trabaja, y mucho, en «preparar las cosas para cuando viene la PMO», y el segundo, la desidia en innovación y/o transformación, porque «para qué me voy a meter en berenjenales» si la PMO me valorará por criterios que nada tienen que ver con las nuevas formas de gestión por proyectos que se imponen en compañías que recorren sus caminos de transformación.

  Las PMO de control tienen un rasgo muy definido: se creen los policías de la organización, los dueños del cotarro, y por tanto es importante para sus miembros ser una persona dura, con cara de pocos amigos y expresión de «a mí no me cuelas ni una». Eso es malo. Pero es mucho peor saber que intentarán no salir jamás de su zona de confort, «no vaya a ser que cambien las cosas, con lo bien que le controlo yo el patio a mi presidente».

Esto es cierto, y personalmente sufrí a los responsables de una PMO de una gran organización mientras ellos exigían —y yo me negaba— «procedimentalizar» paso a paso, minuto a minuto, los procesos de descubrimiento y generación de propuestas de valor para soluciones digitales en ágil, además de poner en duda que se pudiera llegar a dicha propuesta de diferentes maneras según el equipo y el proyecto del que se tratara.

Cuando les dijimos que lo único importante era llegar a tener un prototipo de su PMV como resultado de un *exo-sprint* y que cada *Agile Coach* marcaba con su *Product Owner* los ritmos de progreso adecuado, nos contestaron, literalmente, que «no teníamos ni puta idea» e impusieron el manual que ya conocía y manejaba. La empresa sigue trabajando en convencional y lejos de conseguir avance relevante alguno en la transformación que tanto necesita su modelo de negocio.

- **PMO de apoyo.** Si no puedes matar tu PMO, al menos transfórmala en una APMO, una PMO de apoyo, que ofrece a los proyectos la ayuda que necesitan a simple petición, sin interrogatorios; que puede proporcionar apoyo a partir de su experiencia en proyectos, facilitar plantillas que se puedan necesitar y aportar conocimiento de las mejores prácticas en el mercado. Esta forma de PMO tiende a funcionar mejor para las empresas donde el trabajo se realiza de forma poco controlada, pero no es lo mejor.
- **PMO directiva.** Otra opción para no matar la PMO consiste en transformarla en una PMO directiva, algo que va más allá de simplemente controlar proyectos o exigir ciertas cosas, pues esencialmente se hace cargo de la gestión del proyecto y ejecuta las etapas. Cada vez que hay un nuevo proyecto, se asigna a él a un gerente profesional provisto por la PMO como especialista en gestión, normalmente en ágil, de proyectos con capacidad transformadora. Con una PMO directiva, las organizaciones pueden obtener un alto nivel de consistencia. Podría ser de utilidad a cada área de la empresa para obtener el apoyo adecuado y permitiría a los *product owners* y *product managers* informar a la PMO —nada más que informar— de los avances del proyecto. A menudo, este es el estilo de elección para las grandes compañías

porque las empresas más grandes necesitan más coherencia y supervisión para tantos proyectos y departamentos diferentes. No está mal, pero, insisto, lo mejor es matarla.

Si nos pusiéramos en los zapatos del resto de la organización e intentáramos pensar qué piensa de su PMO, nos encontraríamos —y esto es totalmente experiencial, por lo que entrecomillaré las expresiones, que son transcripción literal, a continuación— con cosas como estas:

«Viendo a quien te asignan sabes si la empresa cree en el proyecto o no, y también sabes si va a salir o no el proyecto. Esto pasa principalmente porque es la PMO la que asigna recursos a los proyectos en función de criterios poco claros normalmente y desde luego lejos de enfoques centrados en la generación de valor al usuario o cliente. Es ella, y su creencia en el éxito del proyecto, la que determina precisamente ese grado de éxito y aboca a la organización al fracaso».

«Siempre son los mismos los que hacen todo y con los que se cuenta. No hay confianza. No hay criterios claros y transparentes para la priorización de proyectos. No siempre se eligen los mejores proyectos».

«Solo se mira a los semáforos, el no salir retratado. Para burlar sus mecanismos de control lo que mejor funciona es la comunicación de pasillo. Se exige la misma burocracia a todos los proyectos, con independencia del tipo que sean y de su envergadura. No entendemos por qué los proyectos no se matan, aunque no produzcan lo esperado. Pregúntale a la PMO cómo va el proyecto, y ni idea. Esto no puede ser».

«La PMO tiene un papel eminentemente controlador y solo se implica en los proyectos *top*. ¿La solución? Implementar un modelo de gestión por proyectos en ágil gobernada en ágil y matar la PMO».

Repito: se trata de expresiones literales obtenidas en diferentes proyectos en los que he tenido la suerte de participar, y sin profundizar demasiado en su análisis, no parece lo mejor poner a quienes son responsables de este tipo de estados de ánimo al frente de un proceso de transformación. No tienen autoridad moral que arrastre a nadie a ningún sitio.

Ligada a la barrera anterior elevada por la PMO y muy acorde con su tendencia a intervenir en todos los procesos, nos solemos encontrar muchas veces una defectuosa, cuando no inexistente, gestión de las capacidades que un proyecto necesita para llevarse a cabo con éxito. Son situaciones en las que, como los responsables finales de los proyectos denuncian, «solamente se pone al equipo para el que se tiene presupuesto e imputa costes en la herramienta de control de gestión del proyecto de turno», lo que vierte como resultado, por un lado, no tener el mejor equipo o el más indicado para el proyecto en sí, sino aquel que cuenta con presupuesto liberado a tal fin y, por otro, provocar una llamativa distorsión entre lo controlado y lo real, si es que, como debería suceder, al menos algunos de los recursos que el proyecto necesita participan de él aunque no tengan presupuesto asignado. Esos participan «gratuitamente» y el coste total del proyecto es engañoso, pues no se imputan los costes realmente sufridos porque no hay presupuesto contra el que imputarlos, pero así ejerce y mantiene el control la PMO porque se centra en el control de gestión en lugar de apoyar la gestión de la generación de valor al cliente.

¿Qué suele pasar? Que primero se arranca el proyecto para asegurar el presupuesto ante la PMO y luego se piensa en el equipo que tiene que desarrollar ese proyecto en función del presupuesto que se le ha atribuido. No se puede hacer peor. Así, con una PMO a la antigua usanza, los proyectos se ponen en función del presupuesto, el presupuesto es la base. Y para que la PMO te tenga en cuenta, se aplica para obtener el presupuesto, para no perderlo, aunque no tengas proyectos. La paradoja es que, si asignas presupuestos a las áreas en lugar de a los proyectos, tendrás siempre el mismo problema.

Recuerdo bien mis conversaciones con compañeros de varios comités ejecutivos, los directores financieros, a los que muchas veces rogué que desapareciera el concepto de «presupuesto operativo asignado» por el que tenías que luchar denodadamente antes de iniciar cada ejercicio con independencia de saber lo que ibas a hacer con él. En su lugar, yo abogaba por un «presupuesto cero» para todos y que se lo llevara quien mejores proyectos presentara —en forma de PMV y previamente validados con los usuarios finales—; así, cada área contaría con un «presupuesto mínimo viable» y el resto sería para la que mejor defendiera el valor de los usuarios de la organización. No tuve ningún éxito. Se impuso la necesidad de control a la oportunidad de agilizar la gestión presupuestaria. Y abogar por un cambio de modelo de gestión por proyectos pero negar el cambio de modelo de gestión presupuestaria vuelve a ser querer nadar y guardar la ropa.

Segunda barrera: directivos y directores. Necesitamos un Danacol

Poco tiempo después de incorporarme como *Head Coach* de Transformación Digital a una de las grandes compañías con las que he tenido el privilegio de trabajar, me reuní con su CEO. «¿Cómo lo ves?», me preguntó. «Pues lo vamos a conseguir, pero no sin antes poner a régimen a la compañía», le respondí. No me entendió del todo a la primera, así que le expliqué en qué consiste a mi entender el «colesterol de dirección y gestión» *(managerial cholesterol)* y cómo combatirlo y reducirlo, aniquilar el «colesterol malo» y reducir a lo estrictamente necesario el «colesterol bueno». Antes de acabar había hecho suyo el discurso.

La jerarquía, la burocracia con la que funcionan la mayoría de las organizaciones —y no solo las grandes porque, aunque con otro ropaje, la situación se da también en pymes y, para mi asombro, en algunas *startups* de renombre—, es habitualmente excesiva y ralentiza los procesos. Los directivos y directores, esos incesantes generadores de colesterol hasta el punto de haber afectado el ADN de la compañía , entran en todo como y cuando quieren, provocando y llevando a la organización a la arteriosclerosis. El proceso de toma de decisiones es lento y pesado, y quienes quieren sacar cosas adelante tienen que ir convenciendo poco a poco a los departamentos y áreas afectadas como si de la negociación de unos presupuestos generales del Estado se tratara. Se dan casos en los que, «para hablar con el que sabe, tienes que pedir permiso a su jefe antes».

Esta lentitud en el proceso afecta al de la necesaria toma de decisiones y es especialmente grave a la hora de acometer la Transformación Digital de la compañía, pues ya hemos visto lo necesario que resulta poder actuar de forma rápida y autónoma. Perder semanas para decidir y hacer lo que hay que hacer después de haber reaccionado solo en días a la necesidad de nuestro usuario parece de lo más absurdo e ineficiente, pero es la realidad del día a día de muchas organizaciones.

Cuando todo lo anterior se ha repetido desde el principio de los tiempos, ese colesterol pasa a ser parte inherente del legado de la organización, provocando en ella una enorme desconfianza y un escepticismo generalizado sobre los intentos nuevos de implementar cambios, vayan hacia donde vayan, que no han funcionado nunca porque ya se han encargado antes y no dieron resultado. Esto, además de frenar el deseo por la Transformación Digital, imposibilita el cada vez más difícil reto —u obligación— de conseguir el más alto sentimiento de orgullo de pertenencia de los empleados a la empresa. ¿Cómo lo van a tener si lo que siempre han necesitado las compañías, y actualmente mucho más, es favorecer el trato de igual a igual tanto entre iguales como entre diversos? No podemos olvidar que ante el usuario final todos en la organización jugamos en el mismo equipo y el mismo partido, algo de lo que parecen no enterarse muchos de estos directivos y directores —o igual sí se enteran pero no les apetece—.

Pero, si todo el mundo sabe lo que pasa, si de esto es de lo que se habla en cualquier tertulia de café o de pasillo, ¿por qué resulta tan difícil de eliminar? Fundamentalmente, porque hay poca formación, y prácticamente ninguna cuando nos acercamos a temas como Transformación Digital, organizacional y cultural. Y nos mata el miedo. Y para superarlo paradójicamente solo hay un camino, la formación. Pero desgraciadamente parece que en España en general se cree que solo los jóvenes cachorros ávidos de crecimiento profesional requieren formación. Quien debería saber lo que implica gestionar proyectos en ágil tendría que ser consciente de la necesidad de formación para poder transformar la organización con ciertas garantías de éxito.

Hay poca especialización en este tipo de metodologías: normalmente no existe conciencia de la importancia de las validaciones de los usuarios, ese famoso *feedback* del que tanto se habla y que tan poco se practica; no hay cultura de la relevancia de generar valor al usuario ni de escuchar al cliente a la hora de tomar decisiones —antes de hacerlo, no cuando ya es tarde—. Además, hay confusiones graves en torno a conceptos de agilidad: existe miedo al PMV porque no se entiende como lo que es y se considera la entrega de un producto incompleto, lo que dificulta la ejecución en ágil. Otro ejemplo de esta ausencia de capacidad es la convicción de que ágil significa que no hay fecha de entrega o que es más caro y que todo está menos definido, lo que es del todo incierto.

Esta falta de formación provoca la nula implicación de muchos mandos intermedios en este tipo de procesos. Y es lógico ya que, si no conocen las ventajas de trabajar de manera diferente, no la pueden liderar, y aunque quisieran —muchos no quieren—, no lo pueden transmitir a sus equipos y además no considerarán necesario liberar de tareas a personas para que trabajen en proyectos que pueden ser clave para el proceso de transformación.

¿Qué sucede entonces? Que en la génesis de cualquier proyecto hay que lidiar muchas veces con la rigidez e inflexibilidad de este grupo de directores y directivos y con el elevado grado de burocracia a muchos niveles (en la priorización de proyectos y elaboración del porfolio, en la toma de decisiones, en la obligación de adoptar políticas y procesos impuestos, en la formación de equipos de un modelo ágil y en la comunicación entre los miembros y con los de otros equipos), por no hablar de la cantidad de documentación, sin valor alguno en la mayoría de los casos, que normalmente se tiene que generar en un modelo convencional de gestión por proyectos en una empresa grande —no confundir con «gran organización»—.

Esto, aparte de ser preocupante por otros temas, afecta sobre todo a la vinculación real del negocio con el proyecto. Si generar cualquier proyecto que ayude al proceso de transformación se ve un martirio, la compañía adquirirá el hábito de evitar este tipo de procesos pesados y conseguirá las cosas por vías alternativas saltándoselos. Y, como ya hemos visto, los procesos de aprobación de cualquier cosa suelen ser complejos, con áreas con nombres como *corporativo* o *calidad* solicitando excesiva información a los proyectos y ralentizando su desarrollo. Es mucha policía para tan poco delincuente, lo que provoca que cada vez de manera más flagrante las cosas en la compañía sucedan «por debajo de la mesa».

En algunos casos se da el caso de que la media de edad de los empleados es alta y la compañía aúna a un grupo grande de personas que no han conocido otra empresa y que están próximas a la jubilación, sin muchas ganas de cambios radicales, que no sienten la presión de perder el trabajo si no se adaptan y creen que el cambio no va con ellos. No seré yo, con mi edad, quien despliegue un ataque contra los séniores en las organizaciones, pero sí contra los inmovilistas. Creo firmemente que quienes no sienten la presión de perder el trabajo si no se adaptan y creen que el cambio no va con ellos deberían ser debidamente despedidos, con todo el agradecimiento por los servicios prestados, claro está, pero sin mayores contemplaciones.

No ha de haber sitio para quien no quiera estar. La paradoja se da, en todo caso, porque quien tendría que decidir que no estuviera quien no quiera estar tampoco debería estar.

Y claro que el colesterol es necesario en las organizaciones, como lo es para el funcionamiento normal del cuerpo del hombre, no nos volvamos locos. Ya hemos comentado que para que el proceso de transformación alcance sus cotas máximas será incluso conveniente encontrar la debida resistencia, que provocará el desarrollo del músculo transformador y nos hará fuertes. El problema viene cuando ese colesterol se desplaza por las venas de la organización solo o mayoritariamente mediante «lipoproteínas de baja densidad» porque son las que causan enfermedades arteriales que acabarán matando la organización. Y toda empresa que se haya descuidado un poco tiene una enorme cantidad de estas *lipos* encarnadas en directivos y directores que circulan por las arterias de la compañía como Pedro por su casa desde hace ya muchos años y que viven cómodos en un cuerpo que avanza hacia la arteriosclerosis corporativa sin solución de continuidad.

Tercera barrera: los nuevos silos digitales

Según mi opinión forjada a base de experiencia, la Transformación Digital es y debe ser concebida como un movimiento y no como un área o departamento. Sucede o debe suceder en el negocio, y si bien siempre recomiendo, como recoge este libro, que en su inicio nos traigamos a alguien de fuera para provocarla y que ese alguien se rodee de un equipito mono, todos los implicados en el proceso de cambio deberían considerarse elementos de una pastilla efervescente que diluye sus propiedades en el agua de la que pasa a formar parte inseparable e integrada y que en sí misma, en su forma original, desaparece.

Es decir, la labor bien hecha en transformación no implica la perpetuación de sus protagonistas o provocadores, sino más bien al contrario. Será buena su integración en el negocio una vez cumplida su misión. O su salida, porque esa integración real en el negocio se da en muy raras ocasiones. Y normalmente, como si de veteranos de Vietnam se tratara, quienes conducen el proceso son a término condenados al ostracismo por el propio negocio, que recoge los beneficios de dicho proceso y se ocupa de mandarlos fuera, cuando no al destierro dentro de la propia organización, en la que languidecerán convirtiéndose más pronto que tarde en reliquias del pasado.

Y tal vez por eso, en ocasiones como alguna que he podido vivir, cuando quienes han provocado y liderado el proceso de transformación toman conciencia de esa situación, reaccionan como lo haría cualquier ser humano, y asistimos con frecuencia a la aparición de las tristes luchas por el poder, por no perderlo. Y es curioso lo que esto puede provocar, y provoca.

Durante años he comprobado cómo muchos de los que enarbolaban la bandera de la transversalidad, la necesidad de hacer de las estructuras algo horizontal y abierto, neuronal o circular, la agilidad en el proceso de creación y de ejecución y de toma de decisiones y la democratización de los datos, intentaban en cuanto crecían —olvidándose precisamente de qué les había hecho crecer— «siloformizarse», esto es, adoptar todas las características propias de un silo a partir de las que poder hacer de su situación y de su posición algo permanentemente establecido en el círculo de poder de la organización. Surgen así los nuevos silos digitales.

He visto en estos procesos muchas cosas, seguramente reacciones normales a momentos duros de la vida profesional de cada uno. Una vez superado el primero, nos crecemos, y el ímpetu nos lleva a vencer muchas de las dificultades que se nos presentan en los siguientes momentos difíciles. Si lo logramos, llegará el momento en el que nos plantearemos: «Hasta aquí he llegado, y aquí me encuentro bien», e intentaremos consolidar el avance. Ahí nace el silo. La no conciencia de la temporalidad y de su enorme importancia hace que el fracaso resulte el destino final de la Transformación Digital de la mayoría de las organizaciones. Llega un momento, peligroso, en el que quien vino para romper silos y destruir barreras se puede acabar convirtiendo en un silo más e intenta proteger su territorio de los ataques de quienes pretenden seguir con el proceso.

Por tanto, no cabe en cabeza transformadora la existencia de un área de Transformación Digital transcurrido un tiempo prudencial, el que tardemos en tener ese nuevo modelo de negocio preparado para triunfar en el nuevo ecosistema desde el inicio del proceso. Lo habremos convertido si así sucede en un área o un departamento más, con sus propios presupuestos, la necesidad de acceder a ellos de manera independiente y de actuar del mismo modo, perdiendo la visión de servicio transversal a la empresa, y habremos levantado la barrera más alta y sólida para que el proceso alcance el éxito.

Otras barreras que se han de superar

La que expongo a continuación es una barrera conductual casi más que cultural, y en cualquier caso difícil de eludir. Cuando les preguntas a quienes deben empujar este tipo de procesos desde cualquier área de negocio o funcional, es más que frecuente escucharles que «conversar con TI es difícil porque (nosotros y) el resto de áreas consideran que hablan un idioma distinto». Así, no hay *input* ni *feedback* de inicio de TI en cualquiera de los proyectos, «no vienen, no se comprometen; lo quieren todo traducido a su idioma, y así no hay manera».

Pero si fuera con gente de TI con quien se tuviera la conversación, la conclusión sería: «TI es siempre el último de la fila, la gente de Negocio piensa y TI ejecuta, y ya está». Es brutal porque habla de una misma realidad vista desde dos polos no ya opuestos, sino antagónicos.

¿La realidad? Que no existe el más mínimo interés por ninguna de las partes por afrontar el tema, sea cual sea, de manera conjunta. Falta empatía y colaboración entre áreas en general y en particular entre TI y las áreas de negocio. Esto es así en gran parte, si no en la totalidad, de las compañías en las que la Transformación Digital está resultando difícil de conseguir.

Hay una total separación en áreas distintas de TI y de negocio; Negocio no participa en el desarrollo de las soluciones que necesita el cliente y, al final, se puede dar el caso —en realidad es lo habitual— en el que lo que les entregan los de TI a los de Negocio no se ajusta a sus requerimientos. Y vuelta a empezar, mientras el usuario final sigue esperando, nada pacientemente, como sabemos.

Además, los equipos de desarrollo están generalmente poco involucrados en el negocio y como consecuencia perciben constantemente muy poco respeto hacia su trabajo y sus tiempos porque no se les hace partícipes de las razones por las que las prioridades puedan cambiar y, por ello, ellos deban hacerlo también. Desde su punto de vista, «no hay involucración de inicio desde TI; somos el último de la fila, y así pasa lo que pasa».

Para el resto de la organización, «TI funciona como funciona, y pobre del que se atreva a opinar sobre sus temas». Es muy común escuchar que los sistemas y herramientas de trabajo y comunicación, por la necesidad de preservar la máxima seguridad, son muy cerrados y rígidos, como también los protocolos de calidad para los distintos proyectos; que se pierde trazabilidad y capacidad de mejora, y que la tecnología, una vez implantada, no es revisada en su utilidad ni se estudia su grado de adopción por parte de la organización.

Yo sigo sin entenderlo. Sigo sin comprender por qué le es tan difícil a muchos máximos responsables de la mayor parte de las compañías que he podido estudiar, conocer y para las que he podido trabajar poner las cosas en su sitio. Personalmente lo achaco de nuevo al miedo, una falta de seguridad impropia de un primer ejecutivo a la hora de afrontar asuntos relacionados con la tecnología. Pero lo cierto es que estamos todavía en una era de los CEO *boomers* al frente de compañías con necesidades tecnológicamente avanzadísimas cuyo funcionamiento están lejos de entender realmente, lo que les da a los CIO y a sus equipos una especie de poder sobrenatural, por no hablar de la cantidad exagerada de veces en las que, al preguntar el motivo por el que sucede lo que estamos comentando, te responden que la razón principal es la escasa disponibilidad de personas en TI con tiempo para dedicar a proyectos de otras áreas, que se tienen pocos analistas y que todas las personas están con mucha carga de trabajo «para mantener lo que hay». Entonces, ¿para qué tienes un área de TI si no le puede dedicar tiempo a proyectos de otras áreas?

Como digo siempre, esto va de personas, de voluntad, de actitud y de conocimiento; de cultura, al fin y al cabo, y muchas veces lo que se percibe desde el área de TI es que, si lo pide Negocio, no se cuestiona, se da el OK al proyecto sin más. Y esto levanta cada vez con más fuerza una muralla tras la que los responsables de poner la tecnología al servicio de la organización esconden sus miserias, pues no hay mejor argumento para el que no sabe o no quiere hacer algo que perpetuarse en la solicitud de miles de requerimientos que al final aburren a quien ha promovido una iniciativa cualquiera.

Por repetición, este comportamiento acaba dando lugar al nacimiento de una cultura que está lejos de apreciar el valor de los abordajes transversales de proyectos, con implicación de áreas distintas. Si en una organización no existe la convicción general de que el trabajo en equipo y aunar objetivos comunes sea positivo para el proyecto y para las personas que participan, no se verán ventajas a la transversalidad, sino solo más lío, más trabajo.

Otras barreras que nos vamos a encontrar, un poco a modo de campo de minas enterradas en el terreno y que van consumiendo el tiempo, el esfuerzo y los recursos que necesitamos emplear en el empeño de transformar la organización, son las que desgloso a continuación, a modo indicativo y no exhaustivo. Seguro que te suenan:

• Las herramientas colaborativas para comunicarse y gestionar proyectos con la agilidad requerida no son suficientes ni están preparadas ni son accesibles si entra un tercero. Solo valen en un proyecto en el que todos sus miembros son de la organización; para los externos están capadas habitualmente.

Este es uno de los «horrores» más graves cometidos normalmente al amparo de la seguridad. Hemos construido entornos cerrados «invulnerables» —vaya mentira— que nos impiden colaborar de manera eficiente con terceros colaboradores externos. Mi consejo pasa por estresar al máximo la necesidad de obtener inmejorables niveles de seguridad sin tener que encerrar a la organización en un búnker y abrirse a las magníficas herramientas de gestión colaborativa existentes en el mercado. Pero no es fácil, porque lo usual es que en este punto la tecnología de la organización que comienza a transformarse esté obsoleta, la nueva se considere muy cara, el área de seguridad se muestre inflexible y el conocimiento técnico necesario para dar este giro esté fuera de la organización, que tendría que recurrir a personal externo. Y ahí va a haber mucha oposición.

• Los proyectos que no avanzan no se matan, aunque no haya suficiente retorno de la inversión, con lo que consumen recursos e impiden que se arranquen otros nuevos.

Esto está íntimamente ligado al modelo de asignación de presupuestos operativos ya comentado. Si el proyecto muere, se libera el presupuesto y su responsable se queda a dos velas, por lo que, funcione o no, se mantendrá su necesidad y la de, además, invertir mayores recursos en él. Esto entorpece de manera considerable y peligrosa la capacidad de innovación y por tanto de transformación de la organización.

- Hay enfrentamientos históricos sin resolver entre personas y entre equipos, quizás por falta de claridad en lo que pueden construir juntos colaborando. Se han ido haciendo bloques enfrentados que en ningún caso van a apoyar una nueva manera de trabajar en la que tendrán que volver a ser amigos. A esto se le une el hecho frecuente de que no haya comunicación entre los responsables técnicos de los diferentes proyectos y en ocasiones se afecten los unos a los otros, pues aunque hubieran tenido voluntad de coordinación, no ha habido un modelo de gestión por proyectos debidamente gobernado. El hecho es que, por lo general, no se dan ni se pueden crear con facilidad relaciones horizontales entre distintos niveles. Si añadimos que los objetivos de cada uno no están ligados a proyectos transversales, la colaboración abierta se hace aún más complicada.
- Normalmente falta confianza propia en los miembros de los equipos, quienes no están acostumbrados a trabajar sin una supervisión grande y lo han hecho siempre con poca autonomía y empoderamiento, lo que les agarrota descaradamente en los inicios de cualquier proceso de transformación. Saben, aunque les digan lo contrario, que en la compañía «el director puede deshacer lo hecho en el equipo cuando se le antoje».
- Habitualmente hay muy poca movilidad de los empleados, si acaso lateral o con procesos muy lineales, y es frecuente la falta de colaboración e implicación en proyectos que no son los de la propia área a la que se pertenece. En el ideario de los trabajadores está que no se les reconocerá el trabajo si colaboran con personas de otro nivel, con lo que no hay equipos transversales en los proyectos ni coordinación de las áreas que comparten proyectos.
- La comunicación interna no está preparada ni tiene experiencia suficiente para saber contar debidamente los avances y ventajas del cambio en la organización. Casi siempre existe mucha saturación de audiencias, existen canales que funcionan y otros que no y son muchas las áreas comunicando también sus temas desordenadamente. Es un aquí no hay quien viva que en los momentos de cambio se pone de manifiesto de manera cruda y dura. Eso en el fondo hace poco apetecible comunicar lo nuevo y bueno que viene, sin olvidar cómo se desvirtúa esta comunicación por la cantidad de manos por las que

pasan los proyectos o iniciativas. Cada uno cuenta la historia como le conviene o puede.

- Existe una exasperante cantidad de protocolos normalmente establecidos buscando la «excelencia operacional» que ralentizan, cuando no obstaculizan, cualquier posibilidad de avanzar a buen ritmo si hay cambios inesperados. Como ya hemos advertido, esta infinita sucesión de procesos lentos e ineficientes provoca la insumisión callada, porque es un hecho que «se va más rápido por fuera».

- Los equipos se encuentran con que los datos a su alcance son en general consultivos y no operativos, por lo que no se aprovecha el potencial del dato lo suficiente, lo que, junto a la mala calidad de los datos y la existencia de modelos de datos deficitarios, complica muchísimo la toma de decisiones, y se impone el miedo a equivocarse. El miedo es normalmente en lo que se escudan quienes no quieren cambiar el modo de hacer las cosas.

- Y, en definitiva, están las barreras propias de una compañía con estructura muy definida y no acostumbrada a los cambios constantes: la rigidez y la inflexibilidad en campos que hay que dinamitar de cara a conseguir la anhelada transformación, como la mala priorización de proyectos y elaboración del porfolio, las ineficiencias en la toma de decisiones, la obligación de adoptar políticas y procesos impuestos por algún responsable corporativo, la complicada venta interna del proyecto —se tiene que hablar con tantas personas, que se tiene la percepción de que es más fácil venderlo al cliente final que internamente— o la dilución de responsabilidad en un modelo en el que no importa que al acabar el proyecto ya no valga porque ha pasado mucho tiempo, pues lo importante es «hacer lo que me pidieron».

5

ERRORES Y ACIERTOS

1. Algunos errores comunes

Vamos a comentar aquí los errores más comunes a la hora de ejecutar un proceso de Transformación Digital y sus vertientes organizacional y cultural. Aplicando una de las exigencias que nos impone el diseño centrado en el ser humano y la conceptualización en ágil, a cada error comentado le seguirá una propuesta de corrección con el fin de intentar ser lo más constructivos posible.

Burocracia excesiva

A pesar de pretender ser ágiles en el proceso de transformación, como ya vimos al hilo del estudio de IEBS comentado, son muchísimas las organizaciones que mantienen una excesiva burocracia jerárquica en los procesos de aprobación y aplican muchas capas de control y *reporting* sobre los equipos que desarrollan cualquier proyecto. ¿Qué sentido tiene trabajar de una nueva manera si esto solo pasa en determinadas áreas de la organización? ¿Dónde queda la autonomía con la que los equipos deben muy rápidamente resolver, proponer, iterar, medir y volver a resolver? ¿Cómo es posible que siga un comité —que en el peor de los casos se llamará «Comité de transformación»— decidiendo en lugar del usuario final, y muchas veces en su contra?

Corrección: Esto no va de que unos chavales trabajen de otra forma para que los mismos jefes de siempre sigan decidiendo, muchas veces tarde y mal, sobre el destino de las propuestas de valor elaboradas. Por tanto, la compañía tiene que cambiar su manera de trabajar, empezar a hacerlo en ágil y, además, habrá que echar —sí, echar—a los directivos y directores que no apoyen el proceso, lanzar un mensaje muy claro desde el CEO y su equipo de que este es un tren al que hay que subirse sí o sí, y no como inspectores, sino como otros más alimentando la caldera de la locomotora de la transformación desde cada uno de sus puntos de responsabilidad.

Problemas de coordinación entre áreas

En innumerables ocasiones nos encontramos con organizaciones con estos problemas. A pesar de que quienes lo hacen bien incorporan al proceso el trabajo en equipos multifuncionales y multidisciplinares generando la necesaria transversalidad, esa circunstancia no traspasa las paredes de los silos en los que están cómodamente alojadas muchas áreas, sean de negocio o funcionales, y finalmente la jerarquía vuelve a imponerse. Si la coordinación interna del equipo, que se da siempre, no se respeta después entre las distintas áreas de la organización, se crea una especie de gobierno paralelo que acaba por destruir cualquier intento de transformación de la compañía.

Corrección: Ante esto lo que mejor funciona es la generación de un nuevo modelo de gobierno, ágil, en el que la coordinación de las distintas áreas en lo que al alcance de cada uno de los proyectos concierne corresponde a los responsables de cada equipo y no se «delegue forzosamente» en elementos externos a ellos. Así conseguiremos evitar otro de los errores más comunes: la ausencia de gestión de extremo a extremo de los proyectos relevantes, causa mayoritaria del fracaso de muchos proyectos de transformación sobre los que depende el éxito de esta, pues dicha gestión en un modelo ágil se delega y exige de los responsables de los equipos encargados de sacar los proyectos adelante.

Implementación de la «solo-digitalización»

Este error, muy frecuente, consiste en simplificar todo un proceso de Transformación Digital en la digitalización de lo que hoy funciona en analógico, sin más. Se ha entendido muchas veces que todo pasa por y empieza y acaba en la digitalización total de lo que actualmente constituye la actividad principal de la compañía, desde los procesos y operaciones hasta la misma propuesta de valor, pasando por la comunicación interna y externa, las campañas, etc. Efectivamente, la digitalización es importante, pero siempre que tengamos muy claro que lo que hay que digitalizar es el modelo de relación con los usuarios en el punto y hasta el punto en que dicha digitalización les suponga una mayor, mejor y más rápida recepción de valor.

Analizando más profundamente el tema de los procesos y los errores cometidos en torno a ellos, quiero advertir aquí sobre una de las mayores torpezas que la mayor parte de las organizaciones suelen cometer una vez embarcadas en este viaje: la digitalización paso a paso de los procesos bajo el lema «Lo que antes se hacía en analógico ahora se hace en digital». Esto es un inmenso error por varios motivos, el más importante que no todo lo analógico mejora al digitalizarse; es más, si no adaptamos los procesos a las necesidades y virtudes del ecosistema digital, por muy bien diseñados que estén y muy eficientes que sean en analógico, no aprovecharemos realmente su capacidad de transformación y de mejora.

Pongamos un ejemplo al hilo de la transformación que conseguimos provocar en una gran empresa de seguros de salud del modelo de relación que venía manteniendo con sus clientes de reembolso (muy importantes en cualquier compañía de este sector). Hasta ese momento, el proceso de reembolsos funcionaba a pedal, esto es, cuando el usuario necesitaba visitar a un especialista, lo seleccionaba en una aplicación que le facilitaba el proceso de búsqueda y citación —afortunadamente, de forma muy eficiente— bajo el modelo de elección libre y, una vez consumida la prestación, necesitaba recibir la factura por correo, realizar una fotocopia, adjuntarla a una reclamación de reembolso, meter todo en un sobre y enviarlo por correo postal a su oficina comercial más cercana. Fácil, ¿eh? Pues los había mucho peores en el sector. Tras enviar el sobre con todo, tocaba esperar a que el cliente lo hubiera hecho todo bien, a que no faltara nada, a que el sobre no se hubiera perdido y, pasado el tiempo, llamar a ver «qué hay de lo mío». Y un administrativo muy amable después de quince minutos al teléfono venía a decir aquello de: «Si no hay noticias, es que todo va bien», y se quedaba tan ancho, aunque el usuario no tanto. Transcurridos unos días volvía a llamar, si se acordaba, preguntando de nuevo y, si todo había ido bien, le decían que estaba aprobado y que se abonaría en fecha próxima, pero que no podían asegurar cuándo porque bla, bla, bla, que faltaba «no se qué» y que tenía que volver a empezar o que, simplemente, no se lo iban a hacer por «no sé qué» motivo y que pusiera una reclamación pasado un plazo que nadie conocía. En fin, un jaleo, y todos cabreados: el usuario con toda la razón, los administrativos responsables de dar la cara, con motivo, y los directivos, con asombroso cinismo, típico del que no sabe por qué pasan esas cosas y lo achaca a la mala gestión de sus subordinados, viendo cómo el abandono de ese tipo de clientes iba en aumento.

Corrección: Podíamos haber optado por digitalizar los canales y mantener el proceso, pero hubiera sido un error, y así lo advertimos a tiempo; hicimos otra cosa: montar un equipo multidisciplinar con gente del equipo de Gestión de reembolsos, de Ventas, de Clientes, de Marketing, del *contact center,* del área de Transformación Digital y de TI y empezamos a calibrar cómo debería ser el nuevo proceso digital.

Aplicamos, dentro de un marco ágil de desarrollo de proyectos, herramientas *lean* y nos enfocamos en el diseño centrado en el ser humano con el fin de eliminar cualquier paso innecesario en el proceso que no aportara valor e introducir elementos de gran interés para los usuarios, a la vez que conseguíamos un proceso mucho más placentero para todos. Y robotizamos los microprocesos susceptibles de serlo sin generar insatisfacción, sino todo lo contrario, a quien estaba utilizando el reembolso.

Hablamos desde el principio con los usuarios e incorporamos a algunos al equipo de trabajo. «Qué fácil sería si bastara con una captura de la factura enviada a través de la aplicación», nos dijeron. Y así lo hicimos porque no era difícil. De esta forma añadimos a la capacidad de reclamar el reembolso mediante el envío de una fotografía la de estar permanentemente informados de la evolución del proceso, la confirmación de la recepción, la fecha prevista del reembolso y su estado paso a paso, la confirmación de la fecha de pago y del propio pago... en fin, levantamos un nuevo proceso que consumía menos tiempo a todos y generaba muchísimas menos reclamaciones y mucha mayor satisfacción, lo que llevó a que el 96 % de los reembolsos se gestionaran *online* y el NPS subiera al 75 %. Podíamos «haber traducido» literalmente al ecosistema digital el proceso que teníamos hasta ese momento, pero con un resultado seguramente horrible.

Generación de *transversalidad horizontal interna*

Con este término me refiero a que las organizaciones se reorganicen y declaren trabajar de manera transversal porque en sus proyectos interviene gente de diferentes áreas de un mismo departamento, sea este de negocio o funcional. Es decir, que no salen de su «zona cultural corporativa», en la que además sigue mandando el mismo jefe, como siempre. Este error es típico de organizaciones grandes que acaban teniendo «diecisiete» modelos de Transformación Digital y «tropecientos» modelos de gestión por proyectos porque al final nadie se quiere mover demasiado de su sitio.

Corrección: Funciona en estos casos acometer sin complejos ni miedos la adopción de un único modelo de gestión por proyectos en ágil, generador de transversalidad real, autonomía y democratización de la toma de decisiones. De este modelo surgen equipos ágiles que trabajan con códigos ágiles en la gestión, entrega y mejora continua de los proyectos relevantes de la organización. Es decir, asumir desde un principio el necesario cambio en la manera de trabajar actual de la organización sin temor a afrontar en un corto plazo de tiempo su necesaria reordenación. Claro que les vamos a «tocar la cara» a más de uno, no hay más remedio. ¿Y qué?

Ausencia de iteración

El modelo en el que no se itera está equivocado: se entrega, pero no se busca iterar para aportar valor. Comenzar un proceso de Transformación Digital supone un enorme trabajo a mucha gente no preparada para él, por lo que se suele imponer el «criterio entregadista», que prima por encima de todo la efectiva entrega, ni temprana ni de valor ni al usuario, a quienes mandan lo que han encargado, aunque lo que se entregue a veces tenga un valor reducido y otras —y señalo literalmente palabras de un miembro de una organización líder en su sector en nuestro país— «no valga para nada».

Corrección: Iterar, iterar, iterar. Y preverlo a la hora de presupuestar.

Ausencia de medición de resultados tras la entrega del proyecto

Este error está íntimamente ligado al anterior; de hecho, suele acompañarlo. Como lo que importa es entregar, sin más, una vez entregado el encargo, los elementos que han trabajado en él pierden su patria potestad y custodia y —en el mejor de los casos— se lanzan a un nuevo proyecto. Esto supone la ausencia de interés real por la acogida que pueda hacer el usuario a la propuesta de valor de la organización, ya que lo que importa es hacer. En este punto es importante tener en cuenta que los miembros de los equipos en los que no se acomete la medición como parte integrante del modelo generador y guía del proceso de mejora continua se desvinculan si las pruebas no van bien, pues «a mí me pidieron entregar a tiempo y el comité de turno —o la PMO o mi jefe— aprobó la entrega».

Corrección: Medir, pues si no medimos, difícilmente sabremos el valor que estamos aportando.

Luchas internas por liderar el proceso

En el momento en el que se aprueba acometer el proceso de la transformación organizacional y cultural a partir del ecosistema digital, pueden aparecer problemas graves porque, como es digital, TI se cree en el derecho absoluto de comandar, liderar y dictar los pasos que hay que dar, lo que suele encontrar una feroz oposición —no seré yo quien diga que sin motivos— en las áreas de negocio. Son momentos por lo general de lucha interna, silenciosa y nada elegante que provocan una pérdida real de eficiencia en calidad, tiempos, coste y energía y que no llevan a la organización más que al desistimiento, pues, si algo no asumirá cualquier CEO, es que iniciar este camino le suponga poner en peligro «la paz social» y de paso sus resultados, su bono y su discurso. Solo los buenos lo harán.

Corrección: Para evitar este error será conveniente implementar desde el primer minuto equipos de desarrollo digital integrando a TI desde el instante inicial en el desarrollo de los proyectos seleccionados para comenzar la batalla a partir de equipos transversales, multiárea y multifunción y ceder su coordinación a un área responsable del proceso de Transformación Digital coordinada por un *Head Coach* que sustituya la extinta PMO y funcione como centro de excelencia (CoE), responsable último de llevar a buen puerto el proceso de Transformación Digital, antes de disolverse en el seno de la organización.

Superficialidad

Es la tendencia a darle una manita rápida de pintura a la pared cuando lo que necesitaríamos hacer sería preparar el soporte, proteger el resto de la estancia, aplicar la imprimación o el fijador y la capa base, preparar las pinturas y herramientas de aplicación, recortar las esquinas, aplicar la primera capa, dar una segunda mano, repasar y dejar secar. Esa tendencia humana a hacer las cosas sin la necesaria profundidad es causa común del fracaso de muchos proyectos de transformación. En este sentido, hay organizaciones que adoptan métodos de trabajo aparentemente ágiles pero no incorporan ni nuevas metodologías de trabajo ni nuevas herramientas que permitan activar dichas metodologías, como el diseño centrado en el ser humano, *Lean startup, Agile Scrum, Kanban* y *Smart meeting & Working*.

Un problema recurrente en gran parte de los casos en los que las cosas no han salido bien ha sido pretender transitar la transformación sin tocar los sistemas de gestión de la información transaccionales que funcionan bien pero que fueron diseñados para gestionar la organización alrededor de KPI sobrepasados y que son sistemas carentes ya de capacidad para gestionar el relacional con los clientes y usuarios finales.

Corrección: Será necesario acometer cambios, más o menos profundos, en la arquitectura y el funcionamiento de los sistemas de gestión de la información, buscando una mejora de la relación con los usuarios a partir, precisamente, de una transformación real de los sistemas de gestión. Del mismo modo, habrá que abrir y agilizar (mediante la apificación, que permite que un módulo de *software* se comunique e interactúe con otro) y ordenar y estructurar («dockerizando» o creando contenedores a partir de los que distribuir y ejecutar sencillamente y sin quebraderos de cabeza aplicaciones de *software*) los sistemas de gestión. También funcionará desarrollar e implementar *software* intermedio *(middlewares)* y plataformas periféricas que permitan su interrelación con otros sistemas de gestión relacional fácilmente y orquestar la gestión de los datos con soluciones *low code* que superen los problemas que surgen de las integraciones (en el mercado ya existen algunas francamente buenas). Así, mejorando esos sistemas que nos trajeron hasta donde estamos, conseguiremos, con el menor nivel de intrusión posible en ellos, hacer que, además de funcionar fenomenalmente bien para la organización, empiecen a hacerlo de la misma manera para nuestros clientes y usuarios.

Si seguimos hablando de cosas que pasan y que cuando pasan suponen el principio del fin de un proceso de transformación, no podemos olvidarnos de la muy recurrente falta de detalle en la planificación, que impide dimensionar bien y establecer buenos criterios de medición y que provoca además cambios de alcance, coste y tiempo en el proceso y que muchos en la compañía no consideren que los proyectos elegidos para impulsarlo sean los mejores. Y es que, por ser diferente, esa planificación no resulta fácil.

A lo anterior se une que en esa mala planificación no se analizan todos los equipos a los que influyen los proyectos para involucrarles desde el principio, y esto resulta difícil que funcione bien porque la planificación de este proceso difiere de una planificación tradicional que provenga de una PMO cualquiera. Se planifican los procesos de descubrimiento, conceptualización y definición de la propuesta de valor; prototipado y validación, y desarrollo y puesta en producción de la solución o del producto que se va a entregar, pero todo bajo el criterio máximo de la iteración permanente, que también se planifica y diseña, y cuando le cuentas esto a algún consejero delegado, a más de uno le da un patatús.

Un problema muy común y no tan sencillo de resolver es el que se le plantea a una organización hasta el momento muy vertical y con un pensamiento también muy vertical en cuanto a la definición de responsabilidades, funciones y áreas para gestionar un proceso en el que sus proyectos requieren la máxima transversalidad. Sin duda le será difícil hacerlo sin ayuda externa, y ahí viene el error habitual: desdeñarla cuando más la necesita. Sin embargo, es esta colaboración en el inicio del proceso algo difícil de estructurar en organizaciones grandes, acostumbradas, y en ocasiones obligadas, a trabajar con grandes y sólidas compañías de consultoría, pues no son precisamente estas las más indicadas para insuflar en cualquier cliente un verdadero espíritu de transformación, con alguna honrosa excepción.

Una tentación que hay que evitar es hacer de este nuevo modelo que estamos buscando un modelo de excepción informal que resuelva los problemas generados por el actual modelo de gestión por proyectos (que la organización no se atreve a abandonar del todo), pero que no se vea ni impulse como un modelo de futuro. Eso es «la gaseosa» que hace del proceso un experimento en lugar de una transformación. De ahí la conveniencia de la implementación de un nuevo modelo de gestión por proyectos —ágil— que resuelva dichos problemas de forma estructurada y gobernada, sin tapujos, ya que, a pesar de que hay quien sostiene que lo informal abre más puertas, a veces con razón, no podemos ir a un modelo de excepción e informal para que salgan las cosas.

2. Algunas soluciones globales

Con el fin de intentar ayudar a evitar en la medida de lo posible los errores reseñados y con el ánimo de positivar este análisis, quiero compartir ahora algunos de los aciertos más importantes que varias organizaciones han tenido en su proceso de transformación.

Indudablemente constituye un acierto a la hora de iniciar el camino unir lo máximo posible el *run* y el *change,* el qué y el cómo. Ya he remarcado la importancia de que sea Negocio quien determine el qué y los equipos autónomos los que marquen el cómo, pero será prudente y acertado que ese qué se establezca basándose en principios muy pegados a las nuevas maneras de trabajar —que, por tanto, deben conocer, haber aprendido y entendido y defender— y que ese cómo se desarrolle de un modo lo más adaptado posible a la realidad de la organización. O, lo que es lo mismo, que los responsables de Negocio se lancen al cambio, y que los responsables del cambio se peguen a Negocio, cada uno desde su lado, generando así el necesario equilibrio.

A partir de esta situación, funciona muy bien la inmediata generación de transversalidad a partir de la formación de equipos multifuncionales formados por personas de diferentes áreas, siendo imprescindible para que fluya la transversalidad e implicación de todas las áreas en las que influye un proyecto que haya personas con disponibilidad de tiempo para realizar las tareas que se les encarguen, pero no como un extra a su trabajo. Por consiguiente, debemos exigir de los directivos y directores un mayor entendimiento de las ventajas del cambio de la forma de trabajo y que actúen en consecuencia con sus equipos liberándoles de tareas y permitiendo que sean más autónomos.

Supone también un acierto desarrollar desde el principio iniciativas que dejen patente la decisión de la organización de asumir la centralidad en el cliente como máxima en su funcionamiento. Estas iniciativas nos permitirán llevar la voz del cliente a toda la organización y dejarán patente que nuestra prioridad será asegurarles la entrega continua de valor en ciclos cortos.

Esto tiene una consecuencia operativa lógica: tendremos que presupuestar de manera diferente, incluyendo también las validaciones tanto en la fase de desarrollo como en la de mejora continua para cada iniciativa o proyecto que vayamos a desarrollar. Ya sabemos que lo que no está en el presupuesto ni existe ni pasa y, por tanto, incluir la validación continua nos posibilitará permanecer pegados a nuestros usuarios, verdaderos *sherpas* en nuestro intento de alcanzar la cumbre de la transformación y tener su continua retroalimentación. Eso nos permitirá potenciar la experiencia de cliente. Y en este punto hay que introducir un tema importante: mucho se habla de las áreas de *Customer Experience* (CX) y de *Customer Intelligence* (CI) en cualquier proyecto que tenga como destinatario al consumidor en el ecosistema digital, y no seré yo quien venga a menoscabar su importancia, pero creo que a menudo nos olvidamos de algo más importante, la visión del cliente *(customer vision),* es decir, la permanente aportación dentro de cualquier proyecto dirigido a formar parte del proceso de transformación de la compañía de la visión del usuario: ¿cómo lo ve nuestro destinatario?, ¿cómo lo haría él? Y nada mejor para asegurar una respuesta correcta que incorporarle al proceso de definición de la propuesta de valor. No obstante, esto sigue siendo rarísimo en la actualidad.

En mi opinión, el mayor acierto, y fácil de alcanzar, consiste en el ya referido establecimiento desde el primer momento de nuevos KPI estratégicos para la organización, comunes a todas las áreas y que provoquen cohesión. Esto puede parecer difícil pero no lo es. Pondré un ejemplo.

A nuestra llegada a una de las organizaciones de carácter multinacional para las que hemos tenido el privilegio de trabajar, nos dimos cuenta de la perversión que para cualquier intento de proceso de transformación tenían y la amenaza que representaban los KPI en vigor porque eran exclusivamente financieros y se basaban en incrementar el volumen de ventas y los ingresos por unidad de venta y en reducir el coste de producción y aprovisionamiento. Hasta ahí solo estaban desenfocados y eran pobres, ¿pero por qué resultaban ser peligrosos? Muy sencillo: la compañía tenía cuatro divisiones que interactuaban entre sí de manera que, para que una consiguiera cumplir aquellos KPI, las otras tenían que poner los suyos en absoluto peligro, pues unas se nutrían en su negocio de clientes de otras y era normal la facturación entre ellas, con lo que, si una quería elevar los ingresos por unidad de venta, la otra sufría un incremento en sus costes y tenía que reducir otros que repercutían en un peor servicio al cliente, que lo era de todas a la vez.

¿Qué hicimos? Rediseñar los indicadores de tal manera que todos estuvieran enfocados a la satisfacción del cliente y usuario final: a mayor satisfacción, mayor ingreso; si nos preocupa que se vaya, se quedará por contento, y por tanto podremos quedarnos con más valor de lo que hacemos ahora. ¿Que quieres más ventas? Pues trabaja la satisfacción del usuario final de forma inteligente y él será tu mejor prescriptor, tu mayor promotor, con lo que, además, lograrás disminuir el coste de adquisición de cada nuevo cliente. ¿Que quieres mayores ingresos por unidad de venta? Trabaja el valor realmente aportado al cliente por tu propuesta porque, a mayor valor entregado, mayor valor recuperado o captado, lo que se traducirá en tu capacidad para aumentar el precio de venta de tus productos o servicios con el consentimiento de tus consumidores, quienes seguirán percibiendo en su relación contigo una enorme satisfacción porque lo que reciben vale, simplemente, mucho más de lo que les cuesta.

¿Que quieres además reducir tu gasto, tu coste de producción o tus costes de comercialización? Trabaja en mejorar de forma continua la experiencia de tus clientes aprovechando para ello las oportunidades que te brinda el ecosistema digital. Finalmente, el acierto fue manejar más KPI pegados a objetivos y resultados clave (*Objectives and Key Results* [OKR]), a negocio y a satisfacción de clientes.

Un tema que ha dado muchas alegrías a las organizaciones que lo han sabido interpretar e incluir en su día a día ha sido el de la gestión de clientes por micromomentos, que se traduce en la atención al detalle, cumplir sus deseos de la manera que ellos quieren en el momento puntual en el que lo quieren. Y para esto el ecosistema digital es hiperútil. Por tanto, mi recomendación es sustituir el ya habitual mapa del viaje del cliente *(customer journey map)* por un mapa de micromomentos en el que se identifiquen cada uno de los puntos de interacción del usuario con nuestra propuesta de valor, se investigue qué necesidad tiene en cada uno y se mida en cada uno la valoración que le otorga por esa solución que damos a cada una de sus micronecesidades. Funciona y agiliza increíblemente la gestión de la satisfacción del cliente.

Suele ser común entre quienes recorren un buen camino en la transformación que saben manejar bien la comunicación interna para que se vea que las cosas van en serio y para que todo lo que permite visualizar el cambio salga a la luz, saben explicar bien la manera de enfocar un proceso de Transformación Digital al resto de la compañía y saben implicar a toda la organización explicando por qué y remarcando que actualmente el tiempo de respuesta ante las demandas de usuarios es crucial.

Cualquier esfuerzo por cambiar requiere una activa comunicación de la visión y del porqué de las cosas, punto en el que el CEO debe decidir también no solo qué decir, sino también, y muy importante, cómo y hasta cuándo.

Este apoyo en una eficiente comunicación interna suele implicar no comunicar una vez más un requetedefinitivo intento de supermegacambio de manera de trabajar, sino adoptar una estrategia de revolución silenciosa y permitir que la entrega continua de valor sea la tarjeta de presentación del modelo, con lo que ha de haber un plan estructurado que aborde la comunicación de los avances de los «proyectos bandera» en el que se implique también a colaboradores externos. Será aconsejable también acompañar el modelo con contenidos para *storytelling* de personas y perfiles clave en la empresa que esponsorizan proyectos de su área y la historia de cambio en la organización. Es decir, ponerle caras al cambio, además de la ya consabida del CEO.

Un enfoque que ha funcionado en diferentes tipos de organización (caso de Burberry en los inicios de la última década o de ING desde que en 2014 Ralph Hamers lanzó *Think Forward, Act Now* [Piense en el futuro, actúe ahora]) ha sido concebir el propio programa de transformación como un producto o marca en sí y «campañearlo», esto es, diseñar una campaña de comunicación interna como si del lanzamiento de una nueva marca se tratara con mensajes nítidos y claros estructurados con la adecuada cadencia y lanzados a través de los canales adecuados con los formatos idóneos, pensando en que es un programa que necesita adecuar a la medida los mensajes que recibirá cada audiencia, desde los becarios hasta los accionistas de la organización.

Si queremos acertar con la transformación, debemos flexibilizar procesos para adaptarlos al cambio constante de requisitos que respondan al cambio de necesidades del usuario, empezando por el propio proceso de elaboración del porfolio anual de proyectos (incluidos los que buscan alcanzar objetivos más a corto plazo y comunes), en el que se pueda repriorizar por trimestre, matar proyectos que no funcionan e introducir los nuevos que surjan. Asimismo, será conveniente modificar el modelo de gobierno de dichos proyectos intensificando sus criterios de selección en función de su capacidad transformadora, de su impacto en la experiencia del usuario y del grado de preparación de la organización para su desarrollo; dando total autonomía a los equipos para tomar las decisiones que convengan, y exigiendo a las áreas de negocio su implicación desde el principio y hasta el final.

Un punto muy importante que hay que tener en cuenta a la hora de acertar con la tecla es acompañar desde el primer momento la gestión con un sistema de recompensas y premios a los equipos según los resultados de sus proyectos de transformación y basándose en la evolución de los nuevos KPI, pues los proyectos se construyen alrededor de personas que tienen que estar motivadas. Además, servirán de escaparate para el resto de la organización. Resultará fundamental crear un entorno más confiable que les permita, asimismo, trabajar equivocándose sin consecuencias.

Y no hemos de olvidar el obligatorio empuje desde el área de RR. HH., que debería diseñar un programa para atraer talento ágil e innovador a la organización e implementar un nuevo modelo de gestión de talento en el que las personas aporten habilidades y capacidades y no estén sujetas a puestos fijos de trabajo con roles y tareas monolíticamente definidas e inamovibles.

3. Esto va de personas, no de sistemas

Hablando de talento, aprovecho para recordar lo que para mí es una de las máximas en Transformación Digital: llevar a buen puerto la nave de la transformación poco tiene que ver con los sistemas operativos de la organización y mucho con las personas que la componen. Tiene incluso poco que ver con la tecnología, y depende radicalmente de la creatividad humana; esa que puede definirse como el proceso de ser sensible a los problemas, a las deficiencias, a las lagunas del conocimiento, a los elementos pasados por alto y a las faltas de armonía en el ser humano; esa inteligencia capaz de resumir una información válida, definir las dificultades e identificar el elemento no válido, buscar soluciones y hacer suposiciones o propuestas que generen valor a los demás. En definitiva, el proceso de ser sensible.

Por eso esto va de personas pensando, actuando, escuchando y proponiendo soluciones a otras personas en un modelo muchísimo más colaborativo y participativo que el que las organizaciones tipo han mantenido hasta ahora.

Personas primero, metodologías después, y solo entonces, tecnología. Lo he repetido hasta la saciedad. La Transformación Digital no supone por sí misma el desarrollo de capacidad tecnológica —aunque también—, sino un profundo cambio organizacional capitaneado por sus verdaderos protagonistas: las personas de todas las áreas de la organización, sean cuales sean su función y su responsabilidad. Y este cambio viene marcado por la obsesión por hacer felices a nuestros clientes y usuarios, las ganas de que nos amen como responsables de parte de su felicidad, la pasión por las cosas bien hechas y la puntualidad en la entrega. *Obsesión. Ganas. Pasión;* nada de lo que la mejor máquina del mundo te pueda dar, pues no hay tecnología capaz de aplicar estas tres palabras a sus procedimientos. Y son la esencia, la clave y la llave de la transformación. Por tanto, personas primero, siempre: usuarios y empleados, clientes finales e internos.

Y para ayudar a que esa obsesión, esas ganas y esa pasión consigan sus objetivos, tenemos a nuestra disposición metodologías que centran el esfuerzo en ayudarnos a crear de la mejor y más rápida manera posible soluciones geniales para la vida de quien como cliente o usuario lo necesita y lo paga. Así, con equipos cuya devoción es crear soluciones que los clientes amen y capaces de manejar las adecuadas herramientas para ello, será como la tecnología alcanzará todo su sentido y su mayor dimensión, pues facilitará y acelerará el funcionamiento de las soluciones creadas. Pero nunca será la tecnología en sí la solución ni el norte de un proceso de Transformación Digital, por muy absurdo que pueda parecer. Por eso me atrevo a afirmar que quien en nombre de dicha transformación lo que busca es reemplazar a personas por máquinas se equivoca, y lo hace de cabo a rabo.

4. Inteligencia racional, inteligencia emocional e inteligencia artificial

Me sienta muy mal escuchar y leer cómo se le está atribuyendo una inmensa dosis de paternidad a la hora de traer a la organización un proceso de Transformación Digital a la consagrada como panacea de todo lo que existirá: la Inteligencia artificial (IA). No soy ni mucho menos un negacionista en este punto, pero creo que tendemos a perder la noción de lo que realmente importa muchas veces: que haya personas capaces de hacer felices a otras aprovechando lo que nos permiten hacer el ecosistema digital y las tecnologías emergentes.

Aunque a la hora de definir qué es la IA pasa como con la Transformación Digital, que no existe un acuerdo sobre su definición completa, podríamos convenir que es la disciplina que intenta replicar y desarrollar la inteligencia y sus procesos implícitos a través de la tecnología computacional. Se han seguido cuatro enfoques: dos centrados en los humanos (sistemas que piensan como humanos y sistemas que actúan como humanos) y dos en torno a la racionalidad (sistemas que piensan racionalmente y sistemas que actúan racionalmente).

Por tanto, se trata de sistemas que queremos que «piensen como humanos» pero a velocidades estratosféricas y que actúen como humanos de la misma forma aprovechando la capacidad de las máquinas para usar algoritmos, aprender de los datos y utilizar lo aprendido en la toma de decisiones tal y como lo haría un ser humano pero sin sus limitaciones. De hecho, uno de los enfoques principales de la IA es el aprendizaje automático, de tal forma que los ordenadores o las máquinas adquieran la capacidad de aprender sin estar programados para ello. Igual que los seres humanos, porque se pretende que la máquina base su funcionamiento en dos de sus características primordiales: el razonamiento y la conducta.

Se trata de incorporar equipos —¿por qué no humanos?— especializados y capaces de conseguir que las máquinas se complementen de tal manera con ellos que consigan generar exponencialidad en su comportamiento, dirigido por la pasión, las ganas y la obsesión por hacer felices a los demás, aunque sea cobrando por ello.

Dado que hay corrientes en IA que buscan que los sistemas piensen y actúen racionalmente, se habla de *inteligencia racional* como de la capacidad de entender, asimilar y elaborar información para utilizarla en la resolución de problemas, y está ligada a otras capacidades, como la percepción, la capacidad de dar y retener información, la atención y la memoria. Sería cuando menos discutible que actualmente la percepción sea una cualidad de la IA porque percibir es «adquirir el primer conocimiento de una cosa por medio de las impresiones que comunican los sentidos», algo que parece reservado, al menos de momento, a los seres vivos.

Cuanto más hablamos de IA, más valor le doy a la inteligencia emocional, a la capacidad de expresar nuestras propias emociones y percibir las de los demás de manera justa, haciendo uso de las habilidades sociales, en especial la empatía, con el fin de comunicar, motivar y gestionar el día a día. Si durante mucho tiempo el mayor valor para una empresa lo tenía la inteligencia racional, que le proporcionaba la capacidad de medir las capacidades de los empleados, su rendimiento y ser objetivos en la selección de personal, con el paso del tiempo y el auge de la tecnología y de las redes sociales cada vez es más importante precisamente el adecuado manejo de la inteligencia emocional.

Disponer en la organización de personas con alta inteligencia emocional ofrece garantía de resultados, ya que suelen generar buen estado de ánimo a su alrededor, «buen rollo», y sensación de equipo, lo que sin duda repercute de manera directa en las propuestas de valor de los equipos y, por consiguiente, en el beneficio de la compañía a través de la satisfacción de los clientes. Así, las organizaciones que dan tanta importancia a los conocimientos como a las emociones y su gestión crean el entorno propicio para el éxito.

Me sienta también muy mal asistir de manera continuada a ese momento en el que cualquier organización se lanza, sin más, a implementar funcionalidad digital que no se sabe para qué sirve, si es que sirve para algo, y que no aporta valor alguno al usuario, sino más bien al contrario: le genera confusión e inaccesibilidad. Perder de vista el sentido último de lo que hacemos es grave, y mucho, pues debe ser el propósito lo que nos mueva y nos haga grandes. Son infinidad las empresas e instituciones que, en una especie de absurdo concurso de «a ver quién es el que más mola», inundan a sus clientes y usuarios con aplicaciones que no solo no sirven para nada, sino que perjudican su estabilidad emocional. Muchas se plantean como cebos cazadatos, otras son meras demostraciones de fuerza ante la competencia y otras consecuencia de un presupuesto desorbitado y mal gestionado que permite a quien lo disfruta llenar de cacharros la oficina y de basura digital el ecosistema, de tal manera que los consumidores son meros conejillos de indias en manos de los nuevos genios de la tecnología. No te voy a poner ejemplos porque no creo que haga falta.

6

REFLEXIONES FINALES Y CONSEJOS

1. Sostenibilidad y digitalización

Hay que comprometerse: tenemos que cuidar el planeta que habitamos, es nuestra obligación; otra cosa es que haya que aceptar pulpo como animal de compañía, porque resulta que ahora plantar árboles, reforestar las zonas urbanas, dejar de utilizar envases de plástico y electrificar la movilidad es lo más de lo más. Y todo eso está bien, por supuesto, pero resulta mucho más inteligente, y no necesariamente más caro, utilizar las ventajas que nos brinda la digitalización (como señaló Álvarez-Pallete en Davos 2022: «Las transiciones verdes y digitales van de la mano, y sin digitalización no hay transición verde») para evitar la deforestación, reducir enormemente las emisiones tanto de dióxido de carbono como de cualquier otro gas o compuesto contaminante (hidrocarburos) o ampliar zonas verdes en núcleos urbanos en áreas de oficinas que ya no tienen sentido. No es baladí en este sentido la opinión de los expertos en la materia que sostiene que el desarrollo de los servicios digitales tiene la capacidad para reducir las emisiones mundiales entre un 15 y un 35 % para 2030.

Y por encima de todo, tenemos la obligación de emplear dichas ventajas para atacar sin remilgos el gran problema de este siglo que pronto cumplirá su primer cuarto: la sostenibilidad de la salud mental. Y en este punto la capacidad del ecosistema digital es enorme. A pesar de que la corriente común de pensamiento marca que la digitalización es mala para la salud de nuestro cerebro, quiero expresar aquí mi convencimiento de lo contrario. Por supuesto que un uso inadecuado y masivo de los dispositivos electrónicos lleva a situaciones que pueden llegar a suponer graves contratiempos para la estabilidad emocional de las personas, pero no por ello podemos pensar que estamos ante algo nocivo. Por ejemplo, nuestra capacidad de prevenir situaciones de estrés laboral a partir de soluciones digitales es bien conocida; quizás mal utilizada, pero conocida.

Pero incidamos en el primer punto. La transformación de nuestra manera de trabajar nos debe llevar a proponer y proveer de felicidad a nuestros usuarios, quienes encuentran soluciones inmediatas a lo que necesitan, no tienen que desplazarse para hacerlo y pueden disfrutar eficientemente de sus ingresos y reducir sus gastos, cambiar su manera de trabajar, en sitios diferentes cada día, sin necesidad de ir siempre a la oficina y sufrir la presión de sus «superiores», tener más tiempo para sí mismos y colaborar en diferentes proyectos con equipos con los que antes jamás habían tenido ocasión de cruzar media palabra. No hay mejor vía de obtención de elevados niveles de conciliación que la que viene de la correcta explotación de las oportunidades que nos acerca el ecosistema digital. Si trabajo más rápido y mejor, genero menor coste a mi organización y provoco mayor satisfacción a sus usuarios y clientes, y además, me estoy haciendo candidato a ganar más dinero. Y este es el factor de estabilidad número uno para la inmensa mayoría de los que nos levantamos cada día para ir a trabajar.

Y si no tenemos dicha estabilidad, si no hemos podido prever nuestra situación, ahí está el ecosistema digital para permitir que las organizaciones que nos quieran ayudar lo puedan hacer de forma más inteligente, accesible y humana. Sí, humana, porque la digitalización humaniza la gestión de la salud mental, y lo hace sencillamente porque permite al usuario acceder como y cuando quiera a las diferentes opciones existentes para ello. Y no lo digo por haberlo estudiado —aunque también lo he hecho—, sino por haber podido en su momento ayudar a fomentar esa sostenibilidad mental a partir de un *chatbot* de atención psicológica al que los interesados acudían sin necesidad de mayor requisito que el de contestar a unas preguntas que preservaban al máximo su intimidad. Recuerdo que teníamos muchísimas dudas, no lo voy a negar, sobre su funcionamiento, pues, si bien en las validaciones con usuarios seleccionados por tener problemas de salud mental los resultados habían sido buenísimos, pensábamos que había sido porque les habíamos guiado un poco y explicado los objetivos. Pero para nuestra grata sorpresa, en cuanto lo subimos a las redes y sitios web correspondientes, la afluencia de usuarios fue incluso mayor que la que esperábamos y la satisfacción excedió brutalmente lo que nos habíamos imaginado.

Una sencilla razón sostenía tal éxito: el *chatbot* había sido minuciosamente diseñado tras miles de conversaciones con potenciales usuarios y funcionaba bien. No diagnosticaba; escuchaba. Incluso proponía poco, y en la mayor parte de los casos, si lo hacía, era formar parte de un plan de acción, nada más. Y ese plan se podía desarrollar «en digital» o «en presencial». Y contra nuestro pronóstico, el 85 % quería seguirlo en digital por la misma razón por la que había tenido tanto éxito el *chatbot*: porque para los usuarios era muchísimo más cómodo, menos invasivo y de mayor valor enfrentarse a su propia situación «sin nadie delante». Así de sencillo. Así de complejo.

2. Consejos prácticos para empezar

Basándome en mi propia experiencia, acumulada tras multitud de situaciones vividas que se repiten fielmente de organización en organización, de proceso en proceso, de transformación en transformación, ofrezco aquí una serie de indicaciones que espero que te resulten útiles.

Qué hacer para empezar

Una buena manera de empezar es pensar en una agenda de transformación, no sin antes definir un nuevo modelo de funcionamiento, su alcance, su gobierno y sus responsables. A partir de ahí, estos serán quienes deban lanzar esta agenda, elemento muy importante del proceso que recogerá los proyectos considerados relevantes por la organización basándose en criterios establecidos previamente entre los que no pueden faltar el grado de innovación y de transformación aportado por cada proyecto, el valor generado al usuario o cliente y el valor previsto para la compañía como consecuencia de lo anterior.

A esos criterios les añadiremos los de viabilidad de ejecución, tiempos de puesta a disposición de los clientes o usuarios finales (*time to market*) y tiempos de generación efectiva de valor, y por lo tanto de ventas a dichos clientes o usuarios finales, en el mercado (*time to value*), así como los del impacto organizacional generado (cómo de difícil le resultará a la compañía adecuar sus procesos y operaciones para poder implementar el proyecto) y el coste de generación, puesta en producción, mejora continua e iteración de la solución, el producto o el servicio lanzados.

Esto al final no es más que establecer un pequeño *funnel* de selección de proyectos que nos ayuden a lanzar el proceso y unos criterios de priorización basados en un análisis matricial bastante simple. En sí implica rediseñar prácticamente desde cero el proceso habitual de planificación anual de la empresa y generar el tiempo suficiente para preparar bien el momento en el que decide cómo, con qué y por dónde atacar el proceso y establece las bases para después exigir el plan de entregas de cada proyecto, los mecanismos de revisión de cada una de las entregas y el estado de situación de las previstas para los siguientes períodos.

Este debería ser el sistema estándar, pero lo mejor para comenzar es que esos proyectos con los que iniciar el proceso de transformación los marque al principio el CEO. Ha de marcarlos, apoyarlos y financiarlos un poco en la sombra pero con todos los interesados sabiendo qué y por qué se está haciendo lo que se está haciendo.

Una vez establecida la agenda de transformación y sentados los criterios de gobierno, hay que responsabilizar a alguien de que las cosas que queremos que pasen lo hagan. Buscaremos dicho «conseguidor» (preferiblemente de fuera de la organización) y le pediremos que se rodee de un equipo (preferiblemente de dentro de la organización) que nos asegure la capacidad de idear, diseñar e implementar soluciones digitales que aporten una excepcional experiencia y un altísimo grado de valor al usuario, que nos provea de inteligencia en nuestra necesaria presencia digital y que inocule la cultura del dato democratizado en la organización. Este es el primer paso.

Lanzando el proceso

Este «equipo central», sustituto de la antigua PMO, será el responsable de poner las cosas en marcha. Y lo primero será asignar los proyectos seleccionados a equipos ágiles que puedan desarrollarlos de manera autónoma, con plena responsabilidad no solo de su entrega, sino temprana. Se tratará de equipos transversales responsables de garantizar lo que llamamos *enfoque de extremo a extremo (end2end approach)* y en los que Negocio (verdadero dueño del producto final que salga del trabajo del equipo) y TI se integren desde el minuto cero.

Será pues el negocio el que fije el resultado deseado, lo que se quiere conseguir a partir del trabajo del equipo. Una vez hecho lo anterior, será el equipo ágil quien proponga cómo lo hará, en qué plazo (idealmente limitado a noventa días) y con qué coste, tanto de puesta en producción como de mantenimiento y mejora continua. Esto completado, equipo y Negocio pactarán los KPI y acordarán el resto de puntos relevantes en función de la idiosincrasia de la organización.

Toca pues empezar. ¡Muy importante!: debemos integrar a los proveedores que hayamos seleccionado para acompañarnos en el proceso desde el primer día en el equipo responsable del éxito de cada proyecto como si de verdaderos socios en la organización se tratara porque así los hemos de contemplar. Es importante lograr en estos proyectos un funcionamiento pleno como equipo, no siendo válido tener un esquema de proveedor-cliente que hemos comprobado en infinidad de ocasiones que no funciona. Es muy ineficiente mantener un esquema de contratación por proyecto a partir de las famosas solicitudes de propuestas *(requests for proposals* (RFP) por infinidad de motivos. Contra ello propongo abrir una sola RFP para seleccionar los equipos externos que nos acompañarán a lo largo del proceso y, por tanto, con un horizonte de tres a cinco años. Parece una apuesta arriesgada, y lo es, y no exenta de complejidad, porque exige hacer muy bien tanto la convocatoria como la definición de requisitos y la posterior selección, además de que sabemos que algunos proyectos no sobrevivirán y otros ni siquiera verán la luz, o precisamente por ello.

Tendremos en este momento una hoja de ruta con los proyectos que por su naturaleza y capacidad de transformación hemos elegido punta de lanza de nuestro proceso y unos equipos estructurados de forma ágil y bajo un gobierno con las mismas características. Estos equipos, tantos como proyectos de transformación hayamos seleccionado, trabajarán de forma autónoma utilizando primero el diseño centrado en el ser humano para las fases de descubrimiento, *persona definition*, definición de soluciones y construcción de la propuesta de valor y la concreción de lo que será el PMV y responderán a criterios objetivos de conformación aplicados por el *Head Coach* y fuera del alcance de los jefes de departamento o función. Esto se completará en un período de cinco semanas, y para que salga bien será imprescindible contar con un *coach* ágil que dinamice el trabajo del equipo de acuerdo con lo establecido por la metodología utilizada. La propuesta de valor se centrará en un PMV que será prototipado para proceder a su validación con los usuarios hacia los que va dirigido. Después estaremos preparados para presentarlo ante cualquier comité, a ver quién tiene la desfachatez de llevarle la contraria a sus clientes. Con esto eliminaremos muchísimos tiempos muertos y ganaremos en eficiencia.

Esas propuestas de valor resultado del trabajo de los equipos contendrán las soluciones tecnológicas que necesiten para poder cumplir sus promesas al usuario o cliente. No se trata de ver qué podemos hacer con lo que tenemos, sino de ver qué necesitamos para poder generar la mejor experiencia de uso y satisfacer las necesidades de aquellos a quienes nos debemos. Así es como la organización va desarrollando su área TI de manera inteligente, incorporando en la medida de lo posible las soluciones tecnológicas que encajan de manera natural con las propuestas de valor y soportan de manera total su funcionamiento.

Validadas las propuestas, toca desarrollar las soluciones en formato PMV incorporando la tecnología necesaria. Utilizaremos para ello herramientas de *Agile Scrum,* que serán incorporadas desde los especialistas en desarrollo ágil y el área de TI.

Es muy importante que los equipos aseguren en sus propuestas las fases que seguirán al lanzamiento de las soluciones, consiguiendo la organización de este modo proyectar la mejora continua y las actividades de mantenimiento y corrección de errores en los primeros seis meses de vida del proyecto para impulsar la cultura de mejora continua.

Puestas en producción las soluciones, comenzaremos a medir su funcionamiento basándonos en el grado de cumplimiento de sus diferentes KPI, OKR y factores críticos de éxito (*Critical Success Factors* [CSF]), que ya hemos advertido que deben ser comunes a todos los miembros de cada equipo. De esta medición surgirán cambios en los proyectos, pues la organización en su agenda de transformación se ha dotado de un porfolio de proyectos amplio e iterativo que permite matar cualquier proyecto si no se genera valor temprano al usuario (tres meses) y sustituirlo por otro que quedó en la lista de espera.

Y ya solo queda empezar a comunicar. Los buenos resultados son el mejor aval para explicar el cambio necesario en la manera de trabajar, y los malos también si como consecuencia de ellos se produce lo que hemos comentado ya, su muerte. Esto constituye normalmente el mayor cambio y así es percibido por todos los elementos de la organización. Prohibido acumular basura.

A partir de ahí, iremos acomodando la estructura organizacional para que los equipos de trabajo adquieran el peso y el lugar que les corresponde y aplicando lo ya explicado profusamente en páginas anteriores. Pero habremos comenzado bien.

Rutas diferentes para un mismo destino

A pesar de lo que pudiera parecer, no creo que haya una única vía que conduzca a cualquier organización al destino anhelado, al crecimiento sólido basado en la total confianza de los clientes en ella a partir del beneficio que han obtenido gracias al cambio que ha experimentado la compañía de la que son clientes o usuarios. Esto es, hay que ir al norte, pero hay diversas manera de llegar.

Lo que no someto a discusión son los elementos e ingredientes, los pilares, los ejes, las claves y los retos del proceso. A partir de ahí, son muy diversas las «maneras de cocinar» este plato; tantas como organizaciones hay en el universo empresarial.

He tratado de marcar la que para mí es la ruta más directa, rápida y sin peajes, válida para todos aquellos que quieren emprender el camino sin estar excesivamente preparados para ello. La han utilizado los mejores y también quienes están todavía lejos de serlo pero se comprometen con su futuro crecimiento. Y espero haber aportado algo de valor a quien está interesado en comenzar la aventura. Pero esto no quita que haya habido diferentes enfoques que han dado mejores resultados que otros. no tanto en organizaciones grandes, sino más bien en compañías pequeñas y *startups* que pueden flexibilizar mucho lo que aquí hemos compartido. Y será bueno que lo hagan.

Algunos crearon un área de Transformación Digital que incluía Tecnología y les salió bien, otros dieron a TI la responsabilidad de recorrer el proceso y no les fue mal y otros crearon áreas específicas de transformación que trabajaban de manera independiente, aunque coordinada, con el resto de áreas de la organización y han tenido excelentes resultados. Han florecido áreas de innovación en multitud de organizaciones con diversos resultados, e incluso ha habido quienes han encargado su proceso a alguna *big four,* aunque aquí no conozco éxito alguno.

No han faltado a la cita quienes han provocado un *big bang* metodológico en su organización en la búsqueda de un modelo único de trabajo que les ayudara a acelerar su proceso de Transformación Digital. No todos han triunfado pero tampoco todos han fracasado.

A veces he trabajado con equipos de *Data & Analytics* totalmente segregados de TI con buen resultado, y he podido comprobar que tener equipos de desarrollo de *software* diferentes para el relacional y el transaccional funciona, por lo menos al usuario.

Y es que las rutas para alcanzar la cima son diversas; lo esencial es tener un buen jefe de expedición y un *sherpa* de los que saben mucho.

3. Reflexiones finales

Los diez mandamientos de la Transformación Digital desde otro sitio

Me gustaría «empezar a terminar» definiendo, más allá del propio concepto de Transformación Digital, diez claves de éxito para el correcto funcionamiento de la fase de adopción del proceso que posibilitarán el correcto crecimiento y desarrollo del nuevo modelo. Pero antes de pasar a enumerarlas, voy a hacer una reflexión breve: seamos flexibles en la adopción inicial de la transformación, pues será clave para poder escalar los beneficios de esta a toda la organización, con foco en los equipos que se vayan sumando al nuevo modelo de negocio. Por eso debemos permitir que se adopte según lo que necesite el usuario —repito, el usuario— de cada una de las organizaciones que se lancen a por ello:

1. Aplicar un enfoque a la vez de arriba abajo *(top-down)* y de abajo arriba *(bottom-up)*. La transformación debe venir y se debe dar en ambos sentidos: de arriba abajo (labor del CEO) y de abajo arriba (labor fundamentalmente del *coach*).
2. Tomar como base del proceso las mejores prácticas existentes en la organización, que vienen de esos equipos pioneros que ya están haciendo las cosas de manera diferente por debajo del radar organizativo. No desdeñemos la iniciativa surgida a pesar de la dificultad.
3. Impulsar, al mismo tiempo, comportamientos de cultura ágil dentro del marco cultural de la organización. Recuerda que esto va de personas: generemos el ambiente adecuado.
4. Dar verdadero protagonismo a los equipos, con autonomía, empoderamiento y exigencia.
5. Visibilizar el cambio promulgando el valor de la transformación y reduciendo la resistencia. Los impulsores de equipos ágiles pioneros serán palanca fundamental para ello. ¡A la palestra!
6. Elegir una estrategia basada en mostrar de un modo tangible el valor de trabajar de otra forma. Contemos lo que ya está pasando, no lo que puede pasar; de este modo evitaremos o anularemos muchas barreras.
7. Facilitar la comprensión del modelo con la comunicación: pongamos el foco en la sencillez.
8. Hacer atractivo el cambio incentivando la participación. La gente tiene que ganar en el proceso, y no solo experiencia, también dinero.
9. Fijar desde el principio los objetivos que queremos alcanzar y seamos transparentes para ganar confianza, democratizando el acceso a la información de la evolución y del avance del modelo.

10. Animar a los equipos a celebrar los éxitos. Favorezcamos el sentimiento de equipo: captaremos adeptos y haremos que fluya el entendimiento.

Modelos líquidos de negocio. Las mariposas

A lo largo de estas páginas hemos compartido cómo el exponencial desarrollo del ecosistema digital, la permanente temporalidad en la que vive el usuario final y la aparición de nuevas tecnologías emergentes han provocado un cambio en la relación entre usuarios o clientes y organizaciones que pasa a ser, de manera incipiente hoy y plena en el corto futuro, lo que llamamos una *relación líquida.*

Sabemos que los gustos de la sociedad en general y de nuestros clientes en particular cambian antes de que se creen hábitos. Lo que antes necesitaba el ser humano, eliminar la incertidumbre, una rutina que le permitiera conocer lo que pasará mañana, ha cambiado completamente. Los usuarios están ávidos de probar cosas nuevas y se cansan enseguida de hacer siempre lo mismo.

Este nuevo modelo de relación provoca, o debería hacerlo, cambios urgentes en las organizaciones, que deben implementar nuevas maneras de trabajar para responder o incluso anticiparse a las exigencias de los usuarios de manera ágil y eficiente que provoquen la aparición de una nueva cultura en la organización y generen la necesidad de revisar sus obsoletas estructuras organizacionales.

Nacen así los modelos líquidos de negocio en organizaciones que adaptan su modo de trabajar y de pensar para generar soluciones con mayor rapidez, calidad y personalización, desarrollan una nueva cultura como consecuencia de esa adaptación y cambian además el diseño, la estructura y el funcionamiento de la organización como necesidad ante todo lo anterior. Es pues un modelo líquido de negocio el resultado de un proceso de Transformación Digital completado con éxito, la mariposa en la que culmina la metamorfosis corporativa u organizacional.

Los vínculos entre las organizaciones y sus clientes son frágiles —te quiero ahora, pero no te ilusiones demasiado porque no sé mañana—, lo que exige por parte de aquellas la generación permanente de la mejor experiencia de usuario y una constante satisfacción de sus necesidades en cada uno de los micromomentos de esa relación.

Esa fragilidad tiene su base en la inmediatez y en el deseo de satisfacer las necesidades propias sin pérdida de tiempo; de ahí que las organizaciones que no trabajen el concepto de satisfacción en cada micromomento estén condenadas a perder.

La relación es siempre momentánea y superficial, con menor compromiso, lo que exige por parte de las organizaciones demostrar en cada micromomento el valor generado para así mantener al usuario en ella; de hecho, más que relaciones se buscan conexiones, que no necesitan implicación ni profundidad. El usuario decide cuándo y cómo conectarse y siempre puede pulsar la tecla suprimir. La única forma de tener una relación permanente es nunca perder la frescura de nuestra propuesta de valor. Por consiguiente, mejora continua e iteración son elementos clave en la relación.

Las organizaciones líquidas se adaptan a cada situación para triunfar en el actual momento volátil, incierto, complejo y ambiguo. Suponen una respuesta de adaptación a la nueva realidad, lo que les permite crecer y contraerse con facilidad, tomar decisiones rápidas y aprovechar todo el talento con el que cuentan focalizándose en resultados a corto plazo y en estrategia a medio plazo. Son estructuras planas, organizadas por proyectos en los que colaboran perfiles profesionales de diferentes disciplinas. Los líderes de los equipos van cambiando en función del proyecto y son elegidos por sus competencias concretas para cada caso.

Estas organizaciones buscan dar respuestas cada vez más rápidas a un mundo que evoluciona a gran velocidad y, en consecuencia, desarrollan una capacidad de adaptación que les permite modificar estructuras y roles de forma flexible para vivir en el cambio permanente. La colaboración se convierte en un requisito fundamental, mientras que la diversidad de los equipos aporta riqueza a los proyectos y contribuye a su éxito. Además, la escucha activa al cliente o usuario y el *feedback* constante se convierten en competencias fundamentales en los equipos, que funcionan con plena autonomía. Todo ello, junto a una formación continua, permite dar respuesta a cada necesidad concreta del usuario en cada micromomento.

Las organizaciones líquidas están formadas por equipos multidisciplinares que trabajan por proyectos. La manera de trabajar es rápida y transparente: evitan la burocracia que dificulta la toma de decisiones, la comunicación fluye en todos los sentidos, los puestos de trabajo físicos fijos, aunque no desparecen completamente, se diluyen y los horarios son más flexibles. Esto favorece la optimización de costes y la adaptabilidad y la agilidad necesarias para gestionar relaciones líquidas con éxito.

Para llegar a ser una organización líquida hay que disponer de espacios y entornos de trabajo adecuados que fomenten la colaboración y la cocreación y de talento que sepa trabajar en equipos por proyectos, abierto al aprendizaje continuo y capaz de vivir en el cambio, rasgos que permiten que la organización pueda adaptarse a cada situación y a cada momento de negocio de forma ágil y, por tanto, sobrevivir gracias a una mayor productividad y eficiencia.

Así, los modelos líquidos optimizan estructuras y ahorran costes. Los equipos se hacen y se deshacen según las necesidades de la empresa, evolucionan con más facilidad ya que tienen la capacidad de adaptarse continuamente a las necesidades del cliente y agilizan la toma de decisiones, pues la nueva forma de trabajar facilita que sea más flexible y rápida. Además, estos equipos fomentan la innovación apoyados en su estructura flexible, que les permite lanzarse con menos trabas a cualquier iniciativa en este campo, y facilitan la cooperación entre empleados debido a que su estructura ayuda a la eliminación de las barreras organizativas.

Estos modelos, comúnmente crecientes en una tipología de empresa ligada al mundo digital, se imponen con rapidez inusitada a los que sostienen todavía a algunos grandes grupos industriales o a las grandes petroleras mundiales y son ya, en diferentes grados de desarrollo, los adoptados por compañías como Apple, Microsoft, Alphabet o Amazon, con modelos líquidos implementados ya y cuyo valor de mercado sumado supera los 7500 millones de dólares.

Las anteriores compañías han apostado por crear ecosistemas amplios para los servicios que ofrecen, de manera que ya no se centran en vender productos o servicios, sino en resolver problemas, en mejorar la experiencia de sus clientes y usuarios. Muchas han abierto divisiones de servicios que funcionan bajo un sistema de suscripción con márgenes amplísimos y equipos que se centran en incrementar la experiencia de uso y con ella el propio valor final de la organización. El *do the run and the change at the same time* (crece y cambia al mismo tiempo) ha pasado al *do the change if you wannna keep running* (haz el cambio si quieres seguir creciendo).

Hoy Apple tiene en su división de servicios —solo en esta división— un modelo de negocio de 70 000 millones de dólares de facturación con márgenes de casi el 70 %. Por su parte, Microsoft ha multiplicado por más de 2 la facturación, multiplicando los beneficios por acción por 3.5, y se centra en generar un ecosistema de experiencia de uso para el mundo corporativo, convirtiéndose en «el Apple de las empresas». Y qué decir de Amazon, que tiene en Amazon Web Services su división más rentable, su motor de beneficios, mejorando la experiencia de las corporaciones en la nube, resolviendo sus problemas.

Si todavía tienes dudas, abandónalas: el secreto de la Transformación Digital se esconde en la generación de ecosistemas cuyo objetivo único es la mejora de la experiencia de uso. Y su destino será la definitiva conformación de dichos ecosistemas líquidos funcionando bajo modelos líquidos y líquidos-híbridos.

Ecosistemas y organizaciones.
La «empresa» ha muerto

Hay quienes defienden que un modelo líquido de negocio tiene como destino más o menos cercano llegar a ser una organización autónoma descentralizada *(Decentralized Autonomous Organization [DAO]),* la dirigida a través de reglas codificadas en contratos inteligentes *(smart contracts)* y gestionada a través de cadenas en *blockchains.*

Yo creo que eso es muy discutible, sobre todo si solo se conciben dentro del metaverso. No tiene por qué suceder única ni necesariamente en él, aunque el propio término se asocia de manera casi automática a él. He defendido a lo largo de estas páginas ir hacia un sistema de gobierno mucho más descentralizado dentro de una organización y hacer de esta un ecosistema ágil funcionando a partir de los pilares comentados. No veo que esto tenga que suceder de una manera concreta bajo la aplicación de tecnologías determinadas; de hecho, coincido con quienes afirman que se dará la paradoja de que muchas organizaciones haciendo ya pruebas hoy en el metaverso se den cuenta de la importancia de atender las necesidades de sus clientes y usuarios «con personas de carne y hueso». De nuevo, gana el concepto de modelos líquidos-híbridos.

Suponen indudablemente un siguiente paso en la evolución de la sociedad y los negocios. Muchos grupos de personas de todo el mundo están empezando ya a organizarse utilizando tecnologías de *ledger distribuido* (DLT), como *blockchains, Directed Acyl Graph* (DAG) y contratos inteligentes, para crear empresas descentralizadas, grupos de inversión, movimientos benéficos o clubes sociales. Pero no todo funcionará así, ni mucho menos.

Tienen todo tipo de formas y difieren mucho en sus objetivos, estructuras internas y marcos legales, pero todas comparten la promesa de combinar la libertad individual y las oportunidades económicas con la comunidad y un sentido de valores compartidos. Y en este punto es donde coincido con quienes ven en ellas una evolución «natural» a partir de los modelos líquidos. Las DLT modernas permiten a las DAO realizar votaciones democráticas, incluso en grupos de personas sin permiso, muy fluctuantes y a menudo anónimos, genial oportunidad para culminar la integración de los clientes de una organización en su funcionamiento.

Pero no nos confundamos. ¿Tendremos ecosistemas de DAO? Seguro. Pero las DAO interactuarán con el mundo no-DAO (que no solo no va a desaparecer, sino que seguirá siendo en el que vivamos) dando cabida a paisajes económicos y sociales bastante complejos porque no todas las actividades sociales y económicas pueden ser implementadas en línea en forma de DAO y, por tanto, incluso en la visión más lejana de una futura sociedad descentralizada todavía habrá un montón de entidades no-DAO alrededor, que también interactuarán con las DAO.

Las entidades «normales» también ofrecerán y comprarán servicios, invertirán, donarán y financiarán todo tipo de organizaciones descentralizadas permitiendo y provocando que surja un nuevo mercado libre de ideas y servicios, con opiniones, mayorías y necesidades cambiantes y, por tanto, con conexiones siempre cambiantes y nuevas áreas de crecimiento.

Esos ecosistemas que trascienden el concepto actual de organización se organizarán para llevar a cabo muchos tipos de tareas diferentes, desde negocios e inversiones hasta actividades benéficas y sociales. Variarán mucho en estructura, tamaño y objetivos y, por tanto, no habrá «una DAO que los gobierne a todos» ni persistirá la idea de que solo en el metaverso podemos aplicar tecnologías como *blockchain,* por ejemplo.

Llegaremos a un ecosistema en el que convivirán no-DAO y DAO de servicio (hacia las que caminan los ejemplos de los que he hablado antes, y que irán desde colectivos de autónomos hasta empresas totalmente descentralizadas que ofrecen servicios a cambio de pagos normalmente bajo el modelo de suscripción) con DAO y no-DAO de financiación, nacidas para promover alguna causa acordada dando dinero a proyectos y empresas prometedoras y de inversión, ecosistemas en los que se invertirá dinero en *startups,* acciones, activos digitales o cualquier otra cosa que se vea como prometedora para devolver un mayor valor monetario a la inversión, y en el que también nos encontraremos súper-DAO (nada nuevo: las grandes financiarán a las pequeñas y se quedarán con ellas).

Las DAO interactuarán entre sí, y aunque se conciben como pequeños universos en sí mismos con sus propios sistemas de votación, sus *economics* (*tokenomics* en el metaverso), estructuras de gobierno, desarrollos y planes para el futuro, no serán islas aisladas, ya que no podrían sobrevivir relacionándose solo entre sí.

Por tanto, estamos otra vez ante nuevos modelos de negocio, líquidos en gran parte, híbridos en su desarrollo, funcionando en y como ecosistemas, en los que de nuevo se impondrán los que se centren en mejorar la experiencia de uso. Por eso y para eso nace la Transformación Digital.

Cierre

Sin lugar a duda el movimiento por la Transformación Digital está cambiando el mundo de manera transversal, afectando a todas las industrias y ofreciendo oportunidades de innovación sin precedentes. La carrera está lanzada. De todos nosotros depende no dirigirla hacia la autodestrucción de nuestra propia especie, sino empujarla hacia la generación continua de felicidad.

Las dos cosas son posibles. Acertar solo depende de dónde pongamos el foco.

«AGREGAR ALAS
A LAS ORUGAS
NO CREA MARIPOSAS,
CREA ORUGAS INCÓMODAS
Y DISFUNCIONALES.
LAS MARIPOSAS SE CREAN
A TRAVÉS DE LA
TRANSFORMACIÓN»

—STEPHANIE MARSHALL—

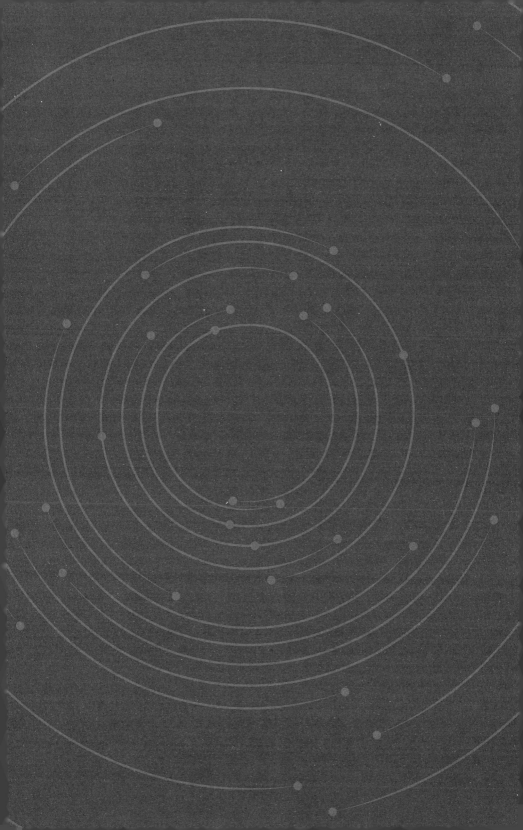

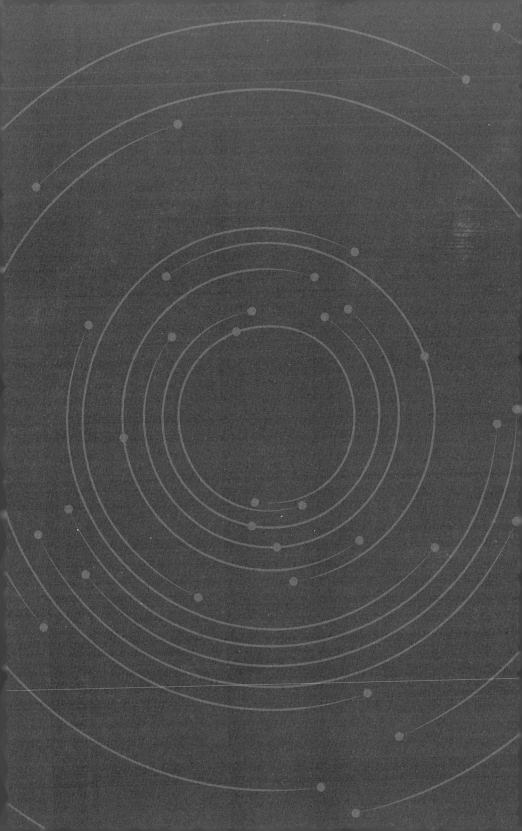